CB068111

MOMENTOS COM DEUS PARA CRIANÇAS

100 DEVOCIONAIS COM PERGUNTAS E RESPOSTAS PARA VOCÊ FAZER COM SEUS FILHOS

Pão Diário KIDS

Originally published in English under the title
Moments with God for Kids: 100 Devotions to Answer Your Questions about Our Amazing God
©2022 by Our Daily Bread Ministries
Our Daily Bread Publishing, P.O. Box 3566, Grand Rapids, MI 49501, USA.
All rights reserved

Tradução e impressão em português com permissão
© 2024 Publicações Pão Diário, Brasil

Coordenação editorial: Adolfo A. Hickmann
Tradução e adaptação: Giovana Caetano
Revisão: Rita Rosário, Marília P. Lara
Coordenação gráfica: Audrey Novac Ribeiro
Capa: Patti Brinks
Projeto gráfico: Michael J. Williams
Diagramação: Lucila Lis

Dados Internacionais de Catalogação na Publicação (CIP)

KOPITZKE, Becky (texto)
  Momentos com Deus para crianças — 100 devocionais com perguntas e respostas para você fazer com seus filhos
  Tradução: Giovana Caetano, Curitiba/PR, Publicações Pão Diário
  Título original: *Moments with God for Kids: 100 Devotions to Answer Your Questions about Our Amazing God*
  1. Devocional   2. Vida cristã   3. Discipulado   4. Cristianismo   5. Infantil

---

Proibida a reprodução total ou parcial sem prévia autorização, por escrito, da editora.
Todos os direitos reservados e protegidos pela Lei 9.610, de 19/02/1998.
Permissão para reprodução: permissao@paodiario.org

Exceto se indicado o contrário, as citações bíblicas são extraídas da edição Nova Tradução na Linguagem de Hoje © 2000, Sociedade Bíblica do Brasil.

Publicações Pão Diário
Caixa Postal 9740,
82620-981 Curitiba/PR, Brasil
publicacoes@paodiario.org
www.publicacoespaodiario.com.br
Telefone: (41) 3257-4028

Código: YD023
ISBN: 978-65-5350-402-8

1.ª edição: 2024
Impresso na China

SUMÁRIO

PERGUNTAS SOBRE DEUS

1. Deus é de verdade?
2. Deus teve um começo?
3. Como Deus pode estar em todos os lugares ao mesmo tempo?
4. Deus é bom?
5. Deus está no controle de tudo?
6. Deus sabe o que estou pensando?
7. Deus ouve as minhas orações?
8. Como Deus experimenta o tempo?
9. Quem é Jesus?
10. O que é a Trindade?
11. Deus tem emoções?
12. Deus comete erros?
13. Deus é amoroso?
14. Deus alguma vez ficou bravo?
15. O que é o reino de Deus?

PERGUNTAS SOBRE A CRIAÇÃO

16. Quem criou a natureza?
17. Por que Deus criou as pessoas?
18. Por que Deus criou os animais?
19. Será que Deus realmente criou o mundo em apenas seis dias?
20. Por que Deus fez o Universo tão grande?
21. As pessoas ainda são feitas à imagem de Deus?
22. Deus me fez homem (ou mulher)?
23. É pecado mudar o meu corpo?

24. O que é uma alma?
25. Como Deus pode viver no interior das pessoas?
26. Deus mora no interior dos animais também?
27. Por que Deus criou pragas como mosquitos e carrapatos?
28. Por que Deus permite desastres naturais como tornados e furacões?

PERGUNTAS SOBRE PECADO E SALVAÇÃO

29. O que é pecado?
30. O que Deus pensa sobre o pecado?
31. Como o pecado entrou no mundo?
32. Por que Deus simplesmente não apaga o pecado?
33. Todos são filhos de Deus?
34. Por que Jesus teve que morrer? Deus não poderia ter nos salvado de outro jeito?
35. O que significa "nascer de novo"?
36. Por que Deus simplesmente não leva as pessoas para o Céu assim que elas se tornam cristãs?
37. Se Deus tirou meus pecados, por que tenho que continuar confessando-os?
38. Por que as pessoas ainda pecam depois de serem salvas?
39. Se Deus vai me perdoar de qualquer maneira, tudo bem pecar?
40. As doenças são causadas pelo pecado?

PERGUNTAS SOBRE A BÍBLIA

41. Quem escreveu a Bíblia?
42. Como sabemos que a Bíblia é verdadeira?
43. Quem decidiu quais livros entrariam na Bíblia?
44. A Bíblia e a ciência discordam?
45. A Bíblia fala sobre dinossauros e homens das cavernas?
46. Por que o Deus do Antigo Testamento parece tão severo?
47. Por que as pessoas citadas em Gênesis viveram tanto?

PERGUNTAS SOBRE VOCÊ E DEUS

48. Por que Deus me criou?
49. Deus se preocupa comigo?
50. Deus vê tudo o que faço?
51. O que Deus quer de mim?
52. Será que Deus ainda fala conosco hoje?
53. Por que Deus nos dá o livre-arbítrio?
54. Para que serve a oração se Deus já tem um plano?
55. É possível que eu atrapalhe o plano de Deus para minha vida?
56. Por que Deus nos diz para perdoar as pessoas?
57. Posso amar a Deus, mas não as pessoas?
58. Por que Deus criou as famílias?
59. Por que Deus me diz para obedecer a meus pais?
60. Por que devo respeitar a autoridade?
61. Deus quer que eu seja amigo de todos?
62. Como Deus quer que eu trate os amigos que não o conhecem?
63. O que Deus quer dizer quando diz: "Ame os seus inimigos"?

PERGUNTAS SOBRE O SOFRIMENTO

64. Será que Deus sabe o que significa sofrer?
65. Por que Deus não impede que coisas ruins nos aconteçam?
66. Onde está Deus quando estou sofrendo?
67. Deus se incomoda de ver as pessoas sofrerem?
68. Por que Deus permite as deficiências?
69. O sofrimento resulta em algo bom?
70. Como Deus pode usar a minha dor para ajudar os outros?

PERGUNTAS SOBRE ANJOS

71. O que é um anjo?
72. Onde vivem os anjos?

73. Os anjos são perfeitos?
74. Posso orar aos anjos?
75. As pessoas se tornam anjos quando morrem?

PERGUNTAS SOBRE A ETERNIDADE E O INFERNO

76. Existe o Céu?
77. Onde Deus mora?
78. Como é o Céu?
79. Existe pecado no Céu?
80. Deus quer que eu vá para o Céu?
81. O que acontece quando morremos?
82. Deus sabe quando eu vou morrer?
83. É verdade que existe realmente apenas uma maneira de chegar ao Céu?
84. Se Jesus é o caminho para o Céu, onde as pessoas do Antigo Testamento iam quando morriam?
85. Onde vou morar quando chegar ao Céu?
86. Como será o nosso corpo na eternidade?
87. Existem animais no Céu?
88. Tem alguém triste no Céu?
89. As pessoas no Céu podem ver o que está acontecendo na Terra?
90. Vou reconhecer minha família no Céu?
91. O que faremos o dia todo no Céu?
92. Seremos recompensados por bom comportamento no Céu?
93. Posso morrer, ir para o Céu e depois voltar à vida?
94. O inferno existe?
95. Quem é Satanás?
96. Satanás é tão poderoso quanto Deus?
97. Deus criou o inferno?

98. Se Deus é bom, por que Ele permite que pessoas vão para o inferno?
99. Quem ganha no final?
100. Como faço para aceitar Jesus?

1
Deus é de verdade?

> Por meio de tudo que ele fez desde a criação do mundo, podem perceber claramente seus atributos invisíveis: seu poder eterno e sua natureza divina. Portanto, não têm desculpa alguma.
> Romanos 1:20

Como você sabe que Deus é de verdade? Pense em um sanduíche para responder a esta pergunta (Aguente firme e você bem logo entenderá!). Imagine que sua mãe preparou um sanduíche para o seu lanche. Você abre a lancheira, vê o pote com o sanduíche dentro, tira da lancheira, pega o pão do pote e dá uma mordida nele.

Esse sanduíche é de verdade?

Claro que é.

Como você sabe?

Bem, você pode usar seus cinco sentidos para comprovar isso, certo? Você pode ver o sanduíche, tocar, cheirar e provar, e ainda pode até ouvir o barulho crocante ao mastigar.

No entanto, Deus não é como um sanduíche. Não podemos tocá-lo, cheirá-lo, ou prová-lo.

Mas podemos ouvi-lo. E nós podemos vê-lo.

Nós "ouvimos" Deus, não por meio de uma voz audível, mas lendo Sua Palavra, a Bíblia. E podemos "vê-lo" nas coisas que Ele criou: montanhas, nuvens, rios, gotas de chuva, passarinhos, joaninhas — da maior à menor das criaturas, toda a natureza exclama: "Deus me criou!".

É assim que podemos ter toda a certeza de que Deus é real, simplesmente experimentando a criação que *podemos* ver, tocar, cheirar e provar. A criação é a prova de que Deus existe. A evidência está ao nosso redor!

Portanto, a Bíblia diz que todo aquele que vê o que Deus fez, mas ainda assim não crê que Deus existe, está simplesmente escolhendo não crer. Que escolha você fará?

PENSE SOBRE ISSO!

- Se Deus não criou as montanhas, céu, animais e árvores, quem criou? Você conhece alguém que é forte ou inteligente o suficiente para construir uma cadeia de montanhas ou um oceano? Sem chance! O que isso nos diz sobre o papel de Deus como Criador? Que Deus criou algo maravilhoso assim como Ele também é, certo?
- Em Romanos 1:20, as palavras "natureza divina" falam da majestade e da santidade de Deus. Como a criação nos mostra a "natureza divina" de Deu?

GRANDES IDEIAS

Divino: de Deus ou vindo da parte de Deus; sobrenatural e santo.

2
Deus teve um começo?

*Antes de formares os montes e de começares
a criar a terra e o Universo, tu és Deus eternamente,
no passado, no presente e no futuro.*
Salmo 90:2

O que você mais gosta no seu aniversário? Ganhar presentes? Comer bolo? Fazer uma festa? Completar mais um ano é definitivamente um bom motivo para celebrar, porque Deus pensou em você e Ele tem um plano especial para a sua vida, e o seu aniversário marca o dia em que tudo começou!

Mas como Deus celebra o aniversário dele? Bom, Ele provavelmente não celebra, porque Ele não tem um dia de aniversário.

Deus é infinito, o que significa que Ele não tem um começo e nem um fim. Você não pode medir o tempo de vida dele em anos porque o tempo de vida de Deus existe fora dos limites do tempo. Só de pensar nisso pode confundir sua mente! Nosso Deus é tão fantástico.

Não podemos marcar o dia em que Deus começou, porque Deus sempre existiu. E nunca marcaremos o dia em que Ele acabará, porque Ele jamais deixará de existir. Deus viverá para todo o sempre, e nada pode impedi-lo de existir, porque Ele é responsável por todas as coisas.

O seu tempo de vida é pequenininho comparado ao tempo infinito de Deus. Todos os seus anos na Terra são apenas um pedacinho na linha temporal da vida de Deus.

Mas aqui está uma parte muito legal: quando você crê em Jesus e aceita Ele como seu Senhor e Salvador, você também viverá para sempre!

Ao contrário de Deus, você sempre terá um começo. Seu aniversário na Terra sempre será seu aniversário na Terra. Mas você nunca terá um fim, se você crer em Jesus. Quando você morrer na Terra, sua alma viverá para sempre junto a Deus.

Isso se chama vida eterna!

PENSE SOBRE ISSO!

- É difícil entender o conceito de infinito? Como você acha que vai gastar o seu tempo no Céu?
- Como a natureza infinita de Deus faz Ele ser diferente do restante da criação?

GRANDES IDEIAS

Infinito: sem um começo ou fim.
Eterno: que não tem fim.

3
Como Deus pode estar em todos os lugares ao mesmo tempo?

> Ninguém pode se esconder num lugar onde eu não possa ver. Então vocês não sabem que estou em toda parte, no céu e na terra?
> Jeremias 23:24

Vamos fazer um experimento. Sente-se, coloque os ombros para trás e respire bem fundo. Em seguida, solte o ar.

Sentiu algo estranho? Provavelmente não. Não há nada estranho em respirar, certo? Você faz isso cerca de 23 mil vezes por dia: puxa um monte de ar e, em seguida, solta ele novamente.

No entanto, você não pode realmente ver o ar, pode? O ar é invisível. Nós não podemos tocá-lo, sentir seu cheiro ou prová-lo, mas temos a certeza de que Ele está ao nosso redor, trazendo oxigênio para que possamos viver.

Deus é mais ou menos assim.

Não podemos vê-lo, mas Ele está em todos os lugares, ao mesmo tempo. Isso se chama *onipresença*, e é um dos poderes mais fenomenais de nosso Deus maravilhoso.

Não há lugar para onde você possa ir onde Deus não o possa alcançar. Ele está em sua casa, na sua sala de aula, na sua igreja, na casa do seu pastor, na aula de karatê do seu irmão, no supermercado favorito da sua mãe, na pista de skate, no cinema, no shopping, basicamente EM TODO LUGAR que você possa imaginar: tudo ao mesmo tempo!

Meio doido isso, não é mesmo? A onipresença de Deus é algo *grandioso*, porque significa que Ele vê você. Ele sabe o que você está passando. Ele conhece os seus sofrimentos, a sua felicidade, os seus maiores sonhos e até a menor de suas dores.

Deus sabe quando você precisa dele. E Ele sempre estará lá com você, pronto para lhe trazer o conforto.

Não importa onde você for.

PENSE SOBRE ISSO!

- E se você pudesse estar em todos os lugares ao mesmo tempo? Como você usaria esse poder para servir a Deus?
- Jeremias 23:24 diz que Deus está em toda a parte, no Céu e na Terra. Ele é onipresente, não apenas aqui no mundo, mas também entre as pessoas e os anjos no paraíso eterno. Por que ser onipresente é uma parte tão importante de quem Deus é e do que Ele consegue fazer?

GRANDES IDEIAS

Onipresença: existir em todos os lugares ao mesmo tempo.

4
Deus é bom?

Pois o Senhor é bom; o seu amor dura para sempre,
e a sua fidelidade não tem fim.
Salmo 100:5

Você gosta de ketchup? Algumas crianças acham que ketchup é bom. Outras crianças não.

E pepino azedo? Você gosta? Se você acha que é bom, é provável que um de seus amigos discorde, nem todo mundo gosta de pepino azedo.

Agora vem uma bem fácil. Rabanete! Rabanete é bom? Sem chance! Só que, bem, algumas pessoas realmente gostam dele. Ai, ai, ai!

Frequentemente usamos a palavra "bom" para descrever uma preferência (se nós gostamos de uma coisa ou não). As preferências são subjetivas, quer dizer, não há uma resposta certa ou errada porque mudam de pessoa para pessoa. O que é bom na sua opinião pode ser ruim para outra pessoa, e está tudo bem. O ketchup não ficará triste.

Porém, quando falamos de Deus como "bom", aí é uma história diferente. Deus não é um sabor que escolhemos gostar ou não. Ele é um ser supremo, o Criador do Céu e da Terra. A bondade é o Seu caráter. É quem Ele é.

A Bíblia está repleta de passagens que declaram a bondade de Deus. Na verdade, Ele é o único verdadeiramente bom no mundo, pois o restante está contaminado com o pecado.

Deus não tem segundas intenções e nem más intenções. Tudo que Ele faz é por um bom motivo, e Ele garante que todas as coisas contribuam para o bem, mesmo quando não entendemos o motivo.

Por fim, vemos a bondade de Deus demonstrada em Jesus. Como pecadores, nós não temos o direito de estar perto de Deus. Mas Ele criou uma maneira de nós nos reconciliarmos com Ele, de fazermos as pazes, e isto acontece quando cremos em Seu Filho como nosso Salvador.

Isso é realmente uma BOA notícia!

PENSE SOBRE ISSO!

- Pense em temperos ou molhos que você põe na comida para dar sabor (ketchup, mostarda, maionese…); agora, diga alguns que você acha bons e outros que acha ruins. Como os nossos gostos e preferências são diferentes da definição de "bom" que damos a Deus?
- De que maneira Jesus é um sinal da bondade de Deus?

5
Deus está no controle de tudo?

Tu és grande e poderoso, glorioso, esplêndido e majestoso. Tudo o que existe no céu e na terra pertence a ti; tu és o Rei, o supremo governador de tudo. Toda a riqueza e prosperidade vêm de ti; tu governas todas as coisas com o teu poder e a tua força e podes tornar grande e forte qualquer pessoa.
1 Crônicas 29:11-12

Todo avião é equipado com um conjunto de controles, botões, alavancas, entre outros, e o piloto usa tudo isso para pilotar a aeronave. Eles devem aprender a função de cada controle e saber como as coisas funcionam. Da decolagem até o pouso, os pilotos são responsáveis por cuidar de vários controles ao mesmo tempo, para manter o avião no caminho certo e evitar que ele caia.

Deus vê cada pessoa, lugar e criatura, desde o homem mais alto até a menor das formiguinhas. Ele conhece cada pessoa profundamente, e também como cada uma delas se encaixa em Seu plano perfeito. Deus também está ciente de cada incidente que ocorre a cada segundo de cada dia. Ele sabe o que cada um fará, e como as suas decisões afetarão outras pessoas, lugares e coisas. Deus é capaz de cuidar de cada detalhe, levando em conta as nossas escolhas individuais, nossa personalidade, e até mesmo os nossos pecados.

Ninguém é mais poderoso do que Deus.

O que torna Deus realmente incrível, porém, é que Ele é um "piloto" amoroso e cheio de compaixão. Tudo o que Ele faz é bom e justo, portanto podemos confiar nele para organizar cada detalhe de nossa vida da maneira que resultará no melhor resultado possível. A Bíblia diz que "Todas as coisas são feitas de acordo com o plano e com a decisão de Deus" (Efésios 1:11). Isso é uma maneira elegante de dizer que "Tudo está nas mãos de Deus!"

PENSE SOBRE ISSO!

- Se você controlasse o mundo, qual seria a primeira coisa que mudaria?
- Somente o nosso maravilhoso Deus é capaz de cuidar de todas as coisas ao mesmo tempo. Por que você pode confiar em Deus para controlar o mundo muito melhor do que você faria?

GRANDES IDEIAS

Soberano: autoridade suprema sobre todas as coisas.

Justo: dizer que Deus é "justo" significa que Ele sempre faz o que é certo em todas as situações.

6
Deus sabe o que estou pensando?

Antes mesmo que eu fale,
tu já sabes o que vou dizer.
Salmo 139:4

O Professor X, fundador dos *X-Men*, é um dos super-heróis mais famosos dos quadrinhos da Marvel. Ele nasceu com um cérebro incomum que permite que ele leia a mente das pessoas e até mesmo controle os pensamentos delas. Este poder mutante ajuda o Professor X a lutar contra os inimigos malvados, mesmo que seu corpo físico esteja em uma cadeira de rodas.

Muito legal, não é?

A maioria de nós pensa em ler mentes como algo da ficção científica, coisa de quadrinhos e filmes de grande sucesso. É divertido imaginar como seria conhecer os pensamentos de outras pessoas, sem ter que perguntar o que elas estão pensando.

Mas para Deus, saber o que pensamos não é apenas ficção. Ele sempre teve o poder de ler as mentes. Esse poder de saber de tudo é uma característica ou um traço do caráter divino chamado *onisciência*.

A Bíblia diz que Deus conhece os seus pensamentos antes mesmo de você falar sobre eles. Ele compreende as suas emoções, seus medos, suas preocupações e suas tentações. Ao contrário do Professor X, porém, Deus não tenta controlar a sua mente. Ele lhe dá a liberdade de pensar e agir como você quiser. Isso se chama *livre-arbítrio*, e é uma das maneiras pelas quais Ele demonstra o Seu amor.

Às vezes pode ser difícil encontrar as palavras certas para orar. Mas, felizmente, Deus pode "escutar" você de qualquer maneira. Você não precisa ter medo de falar com Ele sobre o que está acontecendo em sua mente e coração, mesmo que seja pecaminoso, porque Deus já sabe. Ele deseja ajudar e amar você, em meio a tudo isso.

PENSE SOBRE ISSO!

- Se você pudesse ter superpoderes, você gostaria de ter a habilidade de ler mentes? Por que sim ou por que não?
- Deus o conhece melhor do que você mesmo. Essa verdade faz você se sentir bem? Ou faz você se sentir desconfortável, nervoso, culpado ou com medo? Fale com Deus sobre isso, e saiba que a onisciência de Deus não muda o amor dele por você.

GRANDES IDEIAS

Onisciência: a capacidade de saber tudo.
Livre-arbítrio: liberdade para fazer suas próprias escolhas.

7
Deus ouve as minhas orações?

> Quando estamos na presença de Deus,
> temos coragem por causa do seguinte: se pedimos
> alguma coisa de acordo com a sua
> vontade, temos a certeza de que ele nos ouve.
> 1 João 5:14

Você já orou e se perguntou se Deus o ouviu? Às vezes é fácil sentir que você está falando sozinho, já que você não podemos ver Deus, tocá-lo ou ouvir Sua resposta.

Entretanto, a Bíblia nos diz que podemos ter certeza de que Deus nos ouve. Mas observe que o texto nos dá uma condição: se pedirmos "de acordo com a sua vontade".

O que significa pedir ou orar de acordo com a vontade de Deus? O que *é* a vontade de Deus, afinal?

A maneira mais fácil de descrever a vontade de Deus é que *o Senhor sabe o que é o melhor*. E como é que podemos saber que o que Deus diz é o melhor para nós? Seguem algumas pistas:

Leia a sua Bíblia. Ela está cheia de instruções sobre como agir e pensar da maneira que Deus quer que você faça. E essas não são regras chatas para arruinar sua diversão, e sim as promessas de Deus sobre como viver com alegria!

- **Ouça os bons mentores.** Deus pode trazer pessoas sábias e dispostas a compartilhar a verdade de Deus com você. Talvez sejam os seus pais, seu pastor, seu professor ou algum líder de grupo de jovens.
- **Ore.** Uma das melhores maneiras de aprender COMO orar para conhecer a vontade de Deus é apenas abrir a boca e começar a orar! Quanto mais você se comunicar com Deus, mais perto você estará dele e aprenderá a confiar nele. Nessa altura, você começará a orar pela vontade de Deus porque ela se tornará a sua vontade também!

PENSE SOBRE ISSO!

- Você prefere orar em voz alta ou silenciosamente? Aprendemos no devocional de ontem que Deus conhece os seus pensamentos, então qualquer jeitinho que você preferir orar está *ok*!
- Deus deseja o melhor para você. Por que você acha que Ele também deseja que *você* queira o seu melhor também?

GRANDES IDEIAS

A vontade de Deus: aquilo que Deus sabe ser o melhor, o Seu plano.

8
Como Deus experimenta o tempo?

Meus queridos amigos, não esqueçam isto:
para o Senhor um dia é como mil anos,
e mil anos, como um dia.
2 Pedro 3:8

Você já leu algum livro sobre viagem no tempo? Imagine ser capaz de embarcar em uma máquina do tempo e visitar uma época diferente da história, ou entrar na era espacial do futuro. Não seria legal ver o passado e o futuro sempre que você quisesse?

Deus pode ver o nosso passado, presente e futuro. E Ele não precisa de uma máquina do tempo para fazer isso.

"Deus é espírito" (João 4:24), o que significa que Ele não é limitado pelo mundo físico como nós somos. Ele vive fora das leis e dimensões da natureza, incluindo o nosso sistema de medição do tempo. Assim, enquanto vivemos minuto a minuto e dia a dia, Deus pode ver TODOS os minutos e TODOS os dias de uma vez só!

Ele sabe sobre aquela vez em que você caiu de bicicleta anos atrás e sabe que carro você vai dirigir quando você tiver 30 anos. Ele vê a prova que você fez na primeira série e sabe cada resposta que você dará no vestibular.

Ele vê o momento em que você nasceu, o momento em que você morrerá e todos os milhões de momentos entre o seu nascimento e a sua morte. Isso não é incrível? Deus é capaz de ver todos os momentos da sua vida ao mesmo tempo. Você, por outro lado, deve passar por esses momentos como Deus permite, um de cada vez, experimentando dia após dia e ano após ano conforme a sua história vai acontecendo. No entanto, não importa o que estiver acontecendo hoje ou com o que você estará preocupado amanhã, você pode confiar que Deus já sabe o que vem a seguir. Ele já resolveu tudo isso para o seu bem.

Isso não é muito reconfortante?

PENSE SOBRE ISSO!

- Se você pudesse viajar para qualquer período de tempo, passado ou futuro, qual você escolheria e por quê? Quem você mais gostaria de conhecer?
- Você gostaria de ter o poder de experimentar o tempo igual a Deus, de uma vez só? Por que as nossas limitações humanas de experimentar o tempo de momento a momento podem ser, na verdade, uma forma de Deus nos proteger?

9
Quem é Jesus?

A Palavra se tornou um ser humano e morou entre nós, cheia de amor e de verdade. E nós vimos a revelação da sua natureza divina, natureza que ele recebeu como Filho único do Pai.
João 1:14

Darth Vader e Luke Skywalker. Mufasa e Simba. Sr. Incrível e Flecha. Existem muitas duplas de pai e filho nos filmes, algumas emocionantes, outras meio complicadas. Todas elas são, é claro, de histórias inventadas. Mas o relacionamento de pai e filho mais famoso da história é uma história verdadeira, é a história de Deus e Jesus.

Há muito tempo, Deus criou um plano para enviar Seu único Filho, Jesus, ao mundo para nos salvar de nossos pecados. Jesus sempre existiu como espírito. Mas quando chegou a hora de cumprir o plano de Deus, Deus Pai enviou Jesus, o Filho, para viver uma vida humana, começando como todos nós, como um bebê.

Deus escolheu uma jovem chamada Maria para carregar Jesus em seu ventre, e ela deu à luz seu bebê recém-nascido em um estábulo em Belém. O marido de Maria, José, criou Jesus como seu próprio filho. Mas tanto Maria quanto José sabiam que essa criança realmente pertencia a Deus, e um dia Ele mostraria Seu grandioso poder e sabedoria para o mundo todo.

Sabemos pela Bíblia que Jesus cresceu e ensinou ao povo de Deus muitas lições sobre como amar uns aos outros e como seguir a Deus. Mas algumas pessoas não gostavam de Jesus, porque Ele era uma ameaça para a autoridade deles. Então, eles o pregaram em uma cruz e o deixaram morrer, do jeito como Deus planejou. No entanto, três dias depois, Jesus ressuscitou para provar que era muito mais do que um ser humano, Ele era (e é) o Filho de Deus.

Agora, qualquer um que crê em Jesus NÃO morrerá, mas terá "a vida eterna" (João 3:16). Que presente!

PENSE SOBRE ISSO!
- Você consegue imaginar saber que o seu filho é Deus? Como você acha que foi para Maria e José criarem o filho perfeito?
- Deus sacrificou Seu próprio Filho por nós, Seus filhos humanos, para que pudéssemos nos reconciliar e viver com Ele para sempre. O que isso lhe ensina sobre o quanto Deus ama você?

10
O que é a Trindade?

*Que a graça do Senhor Jesus Cristo,
o amor de Deus e a presença do Espírito Santo
estejam com todos vocês!*
2 Coríntios 13:14

Você gosta de fazer a massinha *slime*? Uma das receitas mais simples de fazer um *slime* envolve apenas três ingredientes: cola, bicarbonato de sódio e solução para lentes de contato. Cada ingrediente é igualmente importante para formar a consistência elástica e pegajosa corretamente.

Tanto o bicarbonato de sódio, quanto a cola e a solução para lentes de contato têm suas próprias funções. Mas quando são misturados, formam uma coisa que só pode acontecer quando esses três ingredientes se combinam em um só.

Você não pode separar o bicarbonato de sódio de um *slime*. Você não pode sugar a solução da lente de contato ou remover a cola dela. Esses ingredientes estão ligados para sempre e formam um objeto inteiro: uma massinha pegajosa!

Deus é mais ou menos assim. Ele é composto de três "ingredientes" – o Pai, o Filho (Jesus) e o Espírito Santo. Os cristãos chamam isso de Trindade, ou seja, Deus sendo essas três pessoas. Cada pessoa tem um papel diferente a desempenhar, mas todos juntos formam uma unidade: Deus.

Agora, a Trindade é um conceito complexo que não pode ser explicado de modo perfeito só com objetos do nosso cotidiano. O *slime* é um exemplo próximo, mas, claro, não é a mesma coisa. Na Trindade, cada "ingrediente" é diferente e igual ao mesmo tempo. Jesus é Deus, Deus é o Espírito Santo, o Espírito Santo é Deus. As três partes formam o todo e não podem ser separadas. Deus é o Pai, o Filho e o Espírito Santo, tudo ao mesmo tempo!

PENSE SOBRE ISSO!

- Que coisas você pode criar com três ingredientes
- A Trindade talvez seja o conceito mais surpreendente no cristianismo! É difícil para o nosso cérebro entender como Deus pode ser três pessoas ao mesmo tempo. Sim, Deus é muito mais maravilhoso do que podemos compreender! O devocional de hoje o ajudou a entender melhor a Trindade? Ou fez você ter ainda mais perguntas? Converse sobre isso com seus pais ou com o seu professor de ensino bíblico!

11

Deus tem emoções?

Jesus chorou.
João 11:35

Você já viu um anel do humor? É um anel que usa o calor e a energia corporal para mudar de cor. Os criadores originais da "pedra do humor" acreditavam que podiam medir as emoções humanas e exibi-las no dedo de uma pessoa para que todos vissem. Se você está com medo, o anel fica preto. Se você está feliz, fica azul e assim por diante.

Quer os anéis de humor funcionem ou não, uma coisa é certa: as pessoas foram criadas para ter emoções! Da tristeza à raiva, à felicidade e muito mais, todas as pessoas na Terra experimentarão emoções diferentes ao longo da vida, incluindo você. E você não deveria ter vergonha de sentir as emoções porque Deus as concedeu a você, e Deus também tem emoções!

Ao longo da Bíblia, vemos que Deus experimentou emoções como compaixão, tristeza, amor, alegria e até ira. Uma vez que as pessoas são feitas à imagem de Deus, também experimentaremos muitas emoções.

A diferença é que Deus é perfeito, então as emoções dele nunca o levam ao pecado. Mas as nossas, sim.

Você já sentiu tão zangado a ponto de gritar com seus pais? Ou sentiu medo de ser castigado, e, por isso, mentiu sobre um erro seu? As nossas emoções podem obscurecer o nosso julgamento e nos levar a fazer escolhas erradas.

Felizmente, Deus tem muito amor e compaixão por você e está disposto a perdoar os seus erros. Tudo o que você precisa fazer é pedir a Ele. Então adivinhe o que acontece? Quando você experimenta a misericórdia de Deus, isso lhe traz uma das melhores emoções: a alegria!

PENSE SOBRE ISSO!

- Como as emoções trazem mais significado a sua vida? E como elas tornam a vida mais difícil?
- A Bíblia diz em Hebreus 4:15 que Jesus tem empatia por nós e compreende o que sentimos porque Ele também foi humano. Ele conhece as lutas pelas quais passamos. Como você se sente ao saber que Jesus não o repreende por suas emoções, e que, em vez disso, Ele o compreende e quer ajudá-lo por meio delas?

GRANDES IDEIAS

Compaixão: cuidado e preocupação com as lutas ou infortúnios dos outros.

Empatia: compreender o que os outros sentem.

12

Deus comete erros?

Este Deus faz tudo perfeito
e cumpre o que promete. Ele é como um escudo
para os que procuram a sua proteção.
Salmo 18:30

E se você fosse perfeito? Você nunca daria uma resposta errada numa prova, nunca erraria um gol no futebol, nunca diria uma palavra desrespeitosa aos seus pais e nunca chegaria atrasado à escola. Tudo o que você fizesse e dissesse seria irrepreensível, impecável e na medida. Você jamais cometeria uma única falha!

Meio difícil de imaginar isso, não é? Porque ninguém é perfeito! As pessoas cometem erros todos os dias!

Só Deus que não erra.

Ele é a única pessoa em todo o Universo que jamais cometeu e nunca cometerá um erro. Todas as Suas decisões têm bons motivos e bons resultados, mesmo quando nós não conseguimos entendê-los. Isso também é verdadeiro quando o nosso pecado vai contra o plano de Deus!

Deus sabe exatamente como purificar os nossos erros e fazer deles algo para o nosso bem. Portanto, embora as nossas más escolhas e falhas possam nos machucar, elas nunca podem mudar a capacidade perfeita de Deus de nos guiar, proteger e gerar bons resultados a partir da nossa imperfeição.

Isso significa que podemos fazer o que quisermos, mesmo que seja algo pecaminoso, e que Deus consertará a nossa bagunça por nós?

Não exatamente. A Bíblia diz que Deus "é como um escudo para os que procuram a sua proteção". Refugiar-se em Deus significa buscar a segurança nele e confiar no Senhor. Parte de confiar em Deus é obedecê-lo e acreditar que o caminho dele é o melhor. Quando você realmente ama e segue a Deus, você quer fazer o que Ele diz que é certo. E, se errar, você se arrepende e quer correr para Ele para pedir perdão.

A boa notícia é que Deus perdoa e esquece todos os seus erros. Isso é parte do que o torna tão perfeito!

PENSE SOBRE ISSO!

- Você cometeu algum erro hoje? Talvez tenha sido apenas um pequeno erro, como escrever uma palavra errada ou deixar cair o seu lápis, ou talvez tenha sido algo maior. Quando você realmente pensa sobre isso, você percebe como é corriqueiro o fato de cometermos erros diariamente?
- O que significa buscar refúgio em Deus? Como você pode fazer isso de maneira mais prática?

GRANDES IDEIAS

Refugiar-se: buscar segurança e conforto.
Arrepender-se: reconhecer e sentir-se triste por ter cometido pecado, pedir perdão e mudar de atitude.

13
Deus é amoroso?

E nós mesmos conhecemos o amor que Deus tem por nós e cremos nesse amor. Deus é amor. Aquele que vive no amor vive unido com Deus, e Deus vive unido com ele.
1 João 4:16

O que você pensa quando ouve a palavra "amor"? Você pode dizer que ama seus pais, que ama seu cachorro, que ama sorvete de menta com gotas de chocolate. "Amor" é uma palavra que usamos muito para descrever sentimentos de afeto ou preferências. Mas isso é tudo o que o amor é? Só um sentimento?

Não mesmo! O amor é muito mais do que uma emoção. É uma ação. Significa algo que fazemos. É uma escolha que fazemos ao demonstrar às pessoas que elas são importantes e que tem valor como criaturas feitas por Deus. Você não precisa *sentir* amor por alguém para *agir* com amor em relação a eles!

Você demonstra amor quando ajuda um amigo com o dever de casa.

Você demonstra amor quando convida um colega que está sozinho para jogar com a sua turma. Você demonstra amor quando perdoa alguém, sacrifica-se pelo outro ou serve a uma pessoa com o seu tempo e atenção. Existem tantas maneiras de amar as pessoas, e nem sempre é necessário dar abraços!

Aqui está a melhor parte. O amor é muito mais do que uma ação. O amor é uma *pessoa*.

Deus é amor.

A existência inteira de Deus pode ser descrita como amor. O amor o define! Cada coisa que Deus faz está enraizada em Seu amor por Sua criação. Ele nos concede esse amor generosamente e quer que nós o compartilhemos com as outras pessoas!

O grande amor de Deus é como um super combustível. Concede a você a sabedoria e a capacidade de demonstrar amor às pessoas ao seu redor, mesmo quando você não *sente* esse desejo. Esse é o poder que você tem por meio da sua fé em Deus! Como você vai escolher usar o seu poder?

PENSE SOBRE ISSO!

- Qual traço do caráter amoroso de Deus o define melhor? Por exemplo: *Ana é amor. João é alegria. Carol é paciência.* Veja em Gálatas 5:22-23 uma lista de opções.
- Se Deus é amor, Ele pode algo que não demonstre amor? (Dica: Deus não pode contradizer Seu próprio caráter!)

14
Deus alguma vez ficou bravo?

> Lembrem disto, meus queridos irmãos:
> cada um esteja pronto para ouvir, mas demore
> para falar e ficar com raiva. Porque a
> raiva humana não produz o que Deus aprova.
> Tiago 1:19-20

A Bíblia fala muito sobre a ira de Deus. Deus ficou irado com a nação de Israel e seus reis sempre que eles o desobedeceram. Ele ficou zangado com as pessoas que adoravam outros deuses e se envolviam em comportamento perverso. Jesus ficou zangado com os líderes religiosos que se importavam mais com seu status do que com as pessoas a quem serviam. Ele ficou bravo com os comerciantes por terem transformado o templo de Deus em um "shopping".

Deus tem todo o direito de zangar-se com as coisas que se opõem ou desonram Ele. Mas Sua ira nunca se mistura com o pecado. Isso é chamado de "justa ira". Ser "justo" significa ser irrepreensível: inocente e santo. Deus é naturalmente justo. Portanto, Ele fica irado com tudo que *não* seja justo, e nós também devemos nos sentir assim.

Porém, a raiva humana está totalmente misturada com o pecado. Quando ficamos com raiva, muitas vezes deixamos nossas emoções nos influenciarem a fazermos escolhas ruins.

Por exemplo, digamos que seu irmão mais novo roubou dinheiro do seu cofrinho. Roubar é errado aos olhos de Deus, então não há problema em ficar com raiva das ações de seu irmão. No entanto, é provável que você não pare por aí. Você também pode sentir desejo de gritar com ele, chamá-lo de nomes desagradáveis, talvez até roubar algo dele para se vingar. Todas essas são respostas *injustas* à sua raiva.

Deus quer que pensemos antes de agir. Como? Os nossos versículos de hoje nos dão uma dica: ouça antes de falar! Frequentemente, a simples escolha de fazer uma pausa e orar antes de reagir é o suficiente para evitar uma explosão!

PENSE SOBRE ISSO!

- Que tipo de coisas o deixam realmente furioso? Como você reage quando fica assim?
- A ira em si não é um pecado. Deus fica irado e nunca peca! De que maneira o nosso pecado torna nossa ira "injusta"?

GRANDES IDEIAS

Justo: irrepreensível e santo, como Deus.
Justa ira: ficar com raiva de coisas que se opõem ou desonram a Deus.

15
O que é o reino de Deus?

O Senhor Deus colocou o seu trono bem firme
no céu; ele é Rei e domina tudo.
Salmo 103:19

Pense em todas as histórias que você conhece envolvendo reis, rainhas e reinos. Crônicas de Nárnia. O Senhor dos Anéis. O rei Artur e os cavaleiros da távola redonda. Além disso, há tantos filmes de princesas da Disney que você provavelmente perdeu a conta.

As pessoas adoram uma boa história sobre reinos. Há algo de encantador em um rei nobre e poderoso e sua bela rainha (ou rainha má, dependendo da história), especialmente quando há alguns dragões ou lutas de espadas para esquentar as coisas. É divertido!

O reino de Deus é um pouco diferente de nossas fantasias do mundo da imaginação.

De um modo geral, o reino de Deus, também chamado de reino dos Céus, refere-se ao reinado soberano do Senhor sobre tudo e todos no Universo. Deus é o Rei de todos!

Mais especificamente, aprendemos vários detalhes interessantes sobre o reino de Deus em toda a Bíblia.

- O reino de Deus é eterno, durará para sempre (Daniel 4:3).
- Deus governa o coração dos cristãos (Colossenses 3:15).

- Uma pessoa deve nascer de novo (arrepender-se e crer) para entrar no reino de Deus (João 3:3).
- O reino de Deus é algo que devemos "buscar", perseguir, ou seja, devemos nos concentrar em seguir e imitar o caráter santo de Deus (Mateus 6:33).
- O reino de Deus é uma questão de viver corretamente, em paz e com alegria (Romanos 14:17).
- Os que creem em Jesus Cristo herdarão o reino, somos herdeiros das riquezas de Deus (Tiago 2:5).

O reino de Deus não é apenas um lugar, é um estilo de vida. Quando você segue Jesus, você pertence à sua comunidade de "súditos" do reino, tanto aqui na Terra quanto no Céu. Saúdem todos o Rei dos reis!

PENSE SOBRE ISSO!

- Como o reino de Deus é diferente dos reinos do mundo da imaginação?
- Mateus 6:33 diz: "Portanto, ponham em primeiro lugar na sua vida o Reino de Deus e aquilo que Deus quer". O que isso significa para você?

16

Quem criou a natureza?

Senhor nosso e nosso Deus! Tu és digno
de receber glória, honra e poder,
pois criaste todas as coisas; por tua vontade
elas foram criadas e existem.
Apocalipse 4:11

Olhe para o céu, para as nuvens durante o dia e as estrelas à noite. Preste atenção na grama, nas árvores e nos pássaros sentados nos galhos ou bicando minhocas no chão. Da próxima vez que você acariciar seu gato, comer uma maçã ou pentear o cabelo, pare e pense sobre como Deus criou tudo isso.

Você é a criação de Deus. Tudo na terra e acima da terra é criação de Deus. As pessoas podem criar máquinas, construir arranha-céus, produzir obras de arte e refeições, tudo usando partes da criação de Deus. A obra divina está em todos os lugares.

Não existe nada que Deus não tenha projetado ou permitido habitar no Universo. Você ama as flores? Agradeça a Deus por tê-las criado. Não gosta muito de abelhas? Bem, Deus as criou também, e eles têm um papel a desempenhar em Seu reino, assim como todas as coisas.

O poder de Deus é evidente nas coisas que Ele fez, desde montanhas magníficas até corredeiras de rios, tempestades furiosas e os animais selvagens da floresta. No entanto, Ele também demonstra a Sua gentileza no desenho intrincado de cada minúsculo floco de neve e no pelo macio de um *hamster* fofinho.

Deus concede a vida e a respiração para todas as criaturas e ordena à natureza que o obedeça. Em outras palavras, Ele é o Senhor de todo o Universo! Ninguém mais pode fazer o que Ele faz. É por isso que a Bíblia diz que Deus é digno de "glória, honra e poder", e Ele merece nosso maior respeito e louvor. Deus é realmente surpreendente!

PENSE SOBRE ISSO!

- Pense em algo na criação que você gosta. Você já agradeceu a Deus por ter criado isso?
- Você consegue nomear tudo o que Deus criou? Isso levaria décadas de pesquisa, certo? Além disso, é realmente impossível porque os cientistas continuam descobrindo novas espécies de plantas e animais, então talvez nunca saibamos a extensão total da criação de Deus. O que isso lhe diz sobre como Deus é maravilhoso?

17

Por que Deus criou as pessoas?

> Então, do pó da terra,
> o Senhor formou o ser humano.
> Gênesis 2:7

Sei que há uma sorveteria muito famosa por seu *sundae* com 12 bolas de sorvete. Esta criação maluca é grande o suficiente para alimentar uma família inteira no jantar.

Primeiro você escolhe 12 sabores de sorvete, depois seleciona suas coberturas favoritas: calda de doce de leite quente, de caramelo, o que você quiser. Toda a mistura é coberta com chantili, até que finalmente a pessoa montando a sobremesa adiciona o toque final, frutas vermelhas. Esses adicionais completam o *sundae*, pois são literalmente a "cereja no topo"!

Imagine que a criação de Deus é como um *sundae* com doze bolas de sorvete. Primeiro, Ele fez a atmosfera, a terra e o mar (o sorvete, a fundação), depois Ele fez o Sol, a Lua e as estrelas (as coberturas), e depois criou os animais (o chantili). O último ingrediente que Deus acrescentou ao mundo foram os seres humanos: Adão e Eva. As pessoas foram o coroamento de toda a obra de Deus, a cereja no topo!

Agora, sabemos pela narrativa da Bíblia que Adão e Eva pecaram e trouxeram tristeza e destruição ao mundo. E como Deus conhece todas as coisas, Ele, com certeza, já sabia que Adão e Eva o desobedeceriam, mesmo antes de criá-los. Então, por que Ele fez as pessoas se elas iriam apenas bagunçar as coisas?

Bem, antes de tudo, porque Ele nos ama apesar de nós cometermos pecados. Ele se agrada de nós! E em segundo lugar, porque toda a criação foi projetada para glorificar a Deus, para demonstrar o como Ele é grandioso. Quando Deus derrama a Sua graça sobre os pecadores e os salva das consequências do pecado, Ele prova que é o Deus mais maravilhoso que poderíamos pedir!

PENSE SOBRE ISSO!

- Que sabores você escolheria para fazer um *sundae* com 12 bolas de sorvete? Que coberturas você colocaria?
- Como o perdão de Deus demonstra ao mundo como Ele é maravilhoso?

18

Por que Deus criou os animais?

> Ó Senhor, tu tens feito tantas coisas
> e foi com sabedoria que as fizeste. A terra
> está cheia das tuas criaturas.
> Salmo 104:24

Você foi a um zoológico recentemente? Basta pensar em todos os diferentes tipos de animais que Deus criou. De girafas altas e graciosas até macaquinhos magros e fortes, de lontras elegantes e nadadoras até pássaros coloridos e brilhantes, o zoológico é uma mini versão do mundo em geral, repleto de criaturas de todo o planeta e de todas as formas, tamanhos e cores e personalidades imagináveis. Os animais são evidências fascinantes do gênio criativo de Deus!

Mas por que Ele os criou em primeiro lugar? Vejamos o que a Bíblia diz.

Os animais glorificam a Deus, assim como toda a criação. Apenas olhar para os animais e estudar as características deles nos faz crer que Deus é maravilhoso. Quem mais poderia inventar tantas criaturas únicas?

Deus gosta de animais. O Salmo 104 lista uma variedade de criaturas de Deus, incluindo jumentos, pássaros, gado, cabritos e muito mais. Em seguida, o versículo 31 afirma: "Que ele se alegre com aquilo que fez!". Assim como Deus se alegra com as pessoas e disse que toda a Sua criação era boa, Ele também gosta dos animais e cuida deles (vv.27-28).

Os animais ajudam as pessoas. As pessoas são a parte mais valiosa da criação de Deus. Deus nos chama para "ter poder" sobre os animais (Gênesis 1:26) e nos permite empregá-los para nossos propósitos, como usar cavalos para arar campos.

Jesus é o nosso "cordeiro". Deus costumava exigir que as pessoas se arrependessem de seus pecados sacrificando animais. Felizmente, isso não faz mais parte da aliança, graças a Jesus. Ele foi para a cruz para servir como nosso cordeiro sacrificial. Porque Ele morreu por nós, estamos perdoados!

PENSE SOBRE ISSO!

- Se você fosse o dono de um zoológico, que animais você colocaria nele? Quais animais você deixaria de fora?
- Como a existência de animais prova que Deus é maravilhoso e digno de louvor?

GRANDES IDEIAS

Sacrifício: Uma oferta ou algo dado em troca.

19

Será que Deus realmente criou o mundo em apenas seis dias?

Em seis dias eu, o Senhor, fiz o céu, a terra, o mar
e tudo o que há neles, mas no sétimo dia descansei.
Foi por isso que eu, o Senhor, abençoei
o sábado e o separei para ser um dia santo.
Êxodo 20:11

Você já construiu uma maquete para uma aula de ciências ou de história? Muitos projetos escolares envolvem a criação de algo a partir do zero, como uma réplica em miniatura de algum prédio famoso feita de palitos de picolé ou um móbile do sistema solar construído usando bolas de isopor e um cabide de arame.

Quanto tempo você acha que levaria para criar uma maquete dessas? Provavelmente vários dias, ou até mesmo várias semanas. Primeiro, você precisaria desenvolver um plano, depois reunir todos as partes e ingredientes, montar tudo cuidadosamente com cola e depois pintar e etiquetar cada pedacinho. Talvez o seu professor também exigisse um relatório por escrito sobre a história ou a função da maquete. *Ufa!* Pode levar muito tempo para concluir um projeto escolar bem construído!

Imagine, então, criar um sistema solar inteiro (e mais!) em apenas 6 dias.

Uau! Você sabia? Deus fez isso!

Algumas pessoas se perguntam: "Como Deus poderia ter realizado todo esse trabalho em apenas 6 dias?". Mesmo os estudiosos da Bíblia debatem se a palavra "dia" na Bíblia na verdade se refere a um período de 24 horas, ou algum período muito mais longo. Ninguém realmente sabe.

Mas considere o que já sabemos: Deus pode fazer qualquer coisa. Nada é impossível para Ele. Então é possível que Ele pudesse ter construído um mundo inteiro, detalhado e complexo em apenas seis períodos de 24 horas? Com certeza! Ele é poderoso e sábio o suficiente para fazer isso!

Independentemente de quanto tempo esses 6 "dias" duraram, esta verdade permanece: Deus criou o mundo e tudo que há nele, e no sétimo dia Deus descansou de Sua obra e chamou tudo de bom.

PENSE SOBRE ISSO!

- O que você consegue construir em 6 dias?
- O que você pensa sobre Deus ter criado o mundo em apenas 6 dias? O que isso diz sobre o poder de Deus?

20
Por que Deus fez o Universo tão grande?

O céu anuncia a glória de Deus
e nos mostra aquilo que as suas mãos fizeram.
Salmo 19:1

Você acha que a Terra é um planeta grande? E é mesmo. Se você fosse amarrar um barbante na Linha do Equador, mediria mais de 34.000 quilômetros de comprimento. São mais de 51 milhões de bolas de futebol alinhadas uma ao lado da outra, circulando a Terra em sequência. .

Mas a Terra é apenas um planeta. Imagine como é grande o universo inteiro! Somos apenas um pontinho no mapa. Você sabia que existem mais estrelas no espaço do que grãos de areia em todas as praias do mundo?

A Terra é um dos oito planetas do nosso sistema solar (nove, se você insistir em incluir Plutão). Os cientistas acham que pode haver até cem *bilhões* de sistemas solares na Via Láctea. As imagens do telescópio Hubble sugerem que existem centenas de milhares de galáxias no Universo, cada uma contendo milhões de estrelas com seus próprios planetas! Uau!

Portanto, se os humanos vivem apenas na Terra (como a maioria dos cientistas acredita), e a Terra é um minúsculo ponto em meio à vasta extensão do espaço, então por que Deus se preocupou em criar um Universo tão grande?

Resposta: Creio que seja para nos mostrar como Ele é grandioso.

Deus é imortal e não está preso à nossa compreensão limitada de tamanho ou dimensões. Então, talvez a única maneira de compreendermos a magnificência de Deus seja termos algo com o que o comparar, tal como a vastidão do Universo. Quanto mais os cientistas descobrem sobre os arredores infinitos de nosso planeta, mais podemos começar a entender o quanto o nosso Deus é maravilhoso e grandioso.

PENSE SOBRE ISSO!

- Se você pudesse visitar outro planeta, qual seria?
- Por que você acha que Deus quer que saibamos o quanto Ele é grande e glorioso?

21
As pessoas ainda são feitas à imagem de Deus?

Aí [Deus] disse: — Agora vamos fazer os seres humanos, que serão como nós, que se parecerão conosco...
Gênesis 1:26

Fique na frente do espelho. Com quem você se parece? Talvez você tenha o nariz do seu pai ou o queixo da sua avó. Talvez seu cabelo seja da mesma cor do seu irmão mais velho, ou seus óculos fazem você parecer um pouco com seu primo favorito. Você pode até se parecer com alguém que não seja seu parente.

É legal ver detalhes iguais aos de outras pessoas quando você olha para si mesmo. Mas você sabe com quem você mais se parece?

Deus.

É verdade. Ele fez você à Sua imagem. Isso significa que Deus o criou para você se parecer com Ele, ser como Ele e refletir Sua beleza e caráter.

Ninguém jamais viu Deus, mas nós podemos ter uma ideia de como Ele se parece, e quem Ele é, estudando a humanidade. Porque cada pessoa no planeta, desde Adão e Eva, foi criada à imagem de Deus.

Agora, isso não significa que somos clones de Deus. Somos criados de maneira única, cada pessoa é diferente da outra e certamente não somos perfeitos como Deus o é. Longe disso! O pecado "maculou" a imagem de Deus e nos transformou em versões imperfeitas de Sua sagrada imagem. Mas, como humanos, ainda somos o pináculo da criação de Deus, e temos um valor tremendo porque fomos feitos para representar o Criador.

Nenhuma outra criatura na Terra pode reivindicar tal status. As zebras não foram feitas à imagem de Deus. Os cachorrinhos não foram feitos à imagem de Deus. As águias não foram feitas à imagem de Deus. Apenas os seres humanos o foram, e isso inclui você.

Então, da próxima vez que você estudar os detalhes de seu rosto ou corpo, dê um passo para trás e maravilhe-se com o conjunto total. Você é a imagem de Deus em exibição!

PENSE SOBRE ISSO!

- Quando você olha para as outras pessoas, você as vê como o reflexo de Deus? Como essa perspectiva pode mudar a maneira como você age em relação aos outros?
- Por que os seres humanos são mais importantes do que as outras criaturas no reino de Deus?

GRANDES IDEIAS

Manchado: danificado, estragado, desfigurado.
Pináculo: o ponto mais alto ou de maior sucesso.

22
Deus me fez homem (ou mulher)?

*Assim Deus criou os seres humanos;
ele os criou parecidos com Deus.
Ele os criou homem e mulher...*
Gênesis 1:27

Você sabia que Deus criou o homem e a mulher? Juntos, eles se complementam. Isso significa que cada pessoa tem um papel especial no reino de Deus. Em geral, os homens são feitos para serem protetores e provedores. As mulheres são feitas para cuidar e nutrir relacionamentos. Claro que os homens também podem nutrir relacionamentos e as mulheres também podem prover e proteger. Há muito espaço para personalidade e preferências dentro de cada gênero. Mas, no geral, Deus fez homens e mulheres para se concentrar em pontos fortes diferentes, mas também iguais. E isso é uma coisa boa!

É como uma casquinha de sorvete. A casquinha tem um gosto diferente do sorvete. Uma parte é saborosa e crocante, a outra parte é doce e suave. A casquinha também tem uma função diferente: segurar o sorvete para que você possa comê-lo sem sujar os dedos, enquanto o sorvete é projetado para ser a principal delícia.

Você poderia comer apenas a casquinha.

Você poderia comer o sorvete sem a casquinha.

Mas junte os dois e você terá uma famosa sobremesa!

É mais ou menos assim com homens e mulheres. Eles têm papéis diferentes, mas são igualmente importantes. Tanto homens quanto mulheres e meninos e meninas, todos são valiosos e amados por Deus.

No entanto, quando Deus une um homem e uma mulher, eles criam outra ideia divina e brilhante: uma família. E as famílias glorificam a Deus!

PENSE SOBRE ISSO!

- Quais são algumas vantagens de ser um menino ou uma menina?
- Deus nunca comete erros. O que isso quer dizer a seu respeito, sendo menina ou menino?

23
É pecado mudar o meu corpo?

> Será que vocês não sabem que o corpo de vocês é o templo do Espírito Santo, que vive em vocês e lhes foi dado por Deus? Vocês não pertencem a vocês mesmos, mas a Deus, pois ele os comprou e pagou o preço. Portanto, usem o seu corpo para a glória dele.
> 1 Coríntios 6:19-20

Você usa brincos? Corta e pinta o seu cabelo de uma certa maneira? Mudanças cosméticas pequenas como essa podem ser formas divertidas de expressar sua personalidade, é igual a escolher certas roupas para vestir, e isso não é pecado.

Curar seu corpo, "transformá-lo" de um corpo doente para um corpo saudável com remédio ou cirurgia é permitido e até encorajado na Bíblia. Mas grandes mudanças que afetam a natureza essencial do seu corpo, quem Deus o criou para ser, não são a vontade de Deus para sua vida. Isso é como dizer que Deus errou ou que você poderia fazer melhor. Portanto, talvez em vez de perguntar se é pecado mudar o seu corpo, você deveria se concentrar em uma questão mais importante: por que você iria querer mudar?

Deus o projetou exatamente como você é, menino ou menina, alto ou baixo, com a cor da pele e o tipo de cabelo que você tem. O Senhor diz que você é:

- maravilhoso (Salmo 139:14)
- tremendamente valioso (Lucas 12:7)
- poderoso (2 Timóteo 1:7)
- precioso (Isaías 43:4)
- escolhido (1 Pedro 2:9)

Então, por que você discordaria? Você confia que Deus sabia o que fazia ao criar o seu corpo e sua alma do jeitinho que você é e para um propósito?

Como cristãos, somos chamados a honrar a Deus em tudo o que fazemos, o que inclui como cuidamos do nosso corpo. Seu corpo é a casa de Deus, o Seu "templo", diz a Bíblia, pois o Espírito Santo vive em você! Portanto, antes de fazer mudanças no templo de Deus, seria sábio perguntar a Ele o que Ele acha desse plano de reforma da casa dele. Ore a Deus sobre o seu descontentamento. Ele ama você e quer lhe dar paz.

PENSE SOBRE ISSO!

- Você usa roupas ou acessórios para expressar sua personalidade?
- Os avanços da medicina tornam possível mudar características físicas de gênero, aumentar sua força além das habilidades humanas normais, alterar o corpo para se parecer com outras espécies. Por que devemos ter cuidado sobre permitir que a ciência mude o que Deus fez?

24
O que é uma alma?

O Senhor renova as minhas forças
e me guia por caminhos certos, como
ele mesmo prometeu.
Salmo 23:3

Nos quadrinhos do *Doutor Estranho*, da Marvel, os magos podem entrar na "forma astral", que é ser separado ou empurrado para fora do corpo. A parte que é empurrada para fora é chamada de *alma*. É a essência de quem uma pessoa é, seus pensamentos, sentimentos e personalidade, sem estar presa a uma forma física.

Doutor Estranho é ficção, mas as almas não. A Bíblia fala muito sobre a alma de uma pessoa, porque Deus criou cada um de nós como alma *e* corpo. Alguém uma vez disse assim: "Você não tem alma, pois você é uma alma. Você tem um corpo".

Em outras palavras, a alma é quem você é. Seu corpo é o que guarda sua alma enquanto você estiver na terra. Quando você morre e vai para o Céu, é a sua alma que vive. Seu corpo é deixado para trás.

Deus quer que nos concentremos mais em nosso caráter interior, a alma, do que em nossa aparência ou habilidades externas, que é o corpo. Os corpos vêm em todas as formas, tamanhos e cores, e Deus os projetou todos. E Ele chama todos os corpos de bons! São as pessoas que bagunçam as coisas fazendo julgamentos sobre o que qualifica um corpo como bonito ou digno. Deus não vê as pessoas dessa maneira. Ele vê a alma.

Imagine se nós também víssemos cada pessoa como uma alma e não apenas como um corpo. Poderíamos apreciar as pessoas por suas personalidades, valores e outras qualidades interiores. Esse é um jeito de amar as pessoas como Deus as ama!

PENSE SOBRE ISSO!

- Se a sua alma é quem você é, então por que você precisa de um corpo?
- Existe alguém em sua vida que você tem julgado pela aparência externa? Você concorda que honramos a Deus quando apreciamos as pessoas por suas qualidades interiores, pela alma, em vez de nos concentrarmos na aparência ou habilidades físicas?

25
Como Deus pode viver no interior das pessoas?

E, para mostrar que vocês são seus filhos,
Deus enviou o Espírito do seu Filho ao nosso coração,
o Espírito que exclama: "Pai, meu Pai".
Gálatas 4:6

Você já fez um raio-X? É legal como a tecnologia moderna pode tirar fotos do interior de um corpo humano. Isso é chamado de "medicina de imagem" e inclui testes sofisticados, como raios-X, tomografias computadorizadas e ressonâncias magnéticas.

Os raios-X mostram ossos e outros materiais sólidos dentro do corpo. A tomografia computadorizada cria imagens de tecidos moles e órgãos. E as ressonâncias magnéticas usam poderosos ímãs e ondas de rádio para tirar fotos incrivelmente detalhadas dos sistemas internos do corpo. Os médicos podem diagnosticar doenças usando essas ferramentas valiosas. Mas você sabe uma coisa que eles nunca serão capazes de ver?

Deus.

Seu Pai celestial vive em seu interior, em sua alma, na forma do Espírito Santo. Ele é invisível, é claro, e nenhuma quantidade de tecnologia avançada será capaz de capturar um instante de Deus em você. Mas Ele está lá do mesmo jeito, "sempre agindo em vocês para que obedeçam à vontade dele, tanto no pensamento como nas ações" (Filipenses 2:13).

Como Deus vive dentro das pessoas? Lembre-se de que Deus é um espírito, o que significa que Ele não está confinado ao espaço físico. Ele pode estar em todos os lugares ao mesmo tempo, inclusive dentro da alma do cristão. Ele escolhe habitar dentro de você, para marcá-lo como Seu, a fim de ajudá-lo a viver uma vida que o honre e permaneça leal a Ele.

Muitos versículos da Bíblia se referem ao papel do Espírito Santo como seu "Auxiliador" ou advogado, que "falará" sobre Deus (João 15:26). Ele vai lembrá-lo de como Deus o ama e merece todo o seu louvor!

PENSE SOBRE ISSO!

- Quais dos seus órgãos internos você gostaria de poder ver? Por quê? Não é surpreendente como Deus criou as partes complexas do seu corpo para trabalharem juntas?
- Quais são as vantagens de ter o Espírito Santo habitando em você?

26

Deus mora no interior dos animais também?

*Eu pedirei ao Pai, e ele lhes dará outro Auxiliador,
o Espírito da verdade, para ficar com vocês para sempre.
O mundo não pode receber esse Espírito porque
não o pode ver, nem conhecer. Mas vocês o conhecem
porque ele está com vocês e viverá em vocês.*
João 14:16-17

Você conhece a história do Dr. Dolittle? É uma história sobre um veterinário que fala com seus animais, e eles falam com ele. Não seria útil entender o que seu cachorro ou gato está dizendo? Chega de adivinhar se o som de "au, au" significa "estou com fome" ou "quero jogar bola". Você seria capaz de interpretar todos os sons que seu animal de estimação faz, e conversar com ele por horas. Não seria maravilhoso?

Claro, as pessoas não foram feitas para falar com os animais dessa maneira. Ficamos parados imaginando o que será que passa pela cabeça deles, assim como eles só entendem alguns comandos nossos, como "senta" e "rola". Isso ocorre porque os humanos têm uma inteligência superior. Nossos cérebros são "computadores" melhores do que o cérebro de um cachorro ou gato. Deus nos projetou dessa forma, como a espécie "superior" de Sua criação.

Além de nossos cérebros superinteligentes, outro privilégio reservado apenas aos humanos é o Espírito Santo. Cachorros não recebem o Espírito Santo, gatos não recebem o Espírito Santo, hamsters e porquinhos-da-índia e passarinhos não recebem o Espírito Santo. As pessoas são as únicas criaturas do mundo capazes de compreender a salvação, e, portanto, somos as únicas criaturas a pedi-la. Quando fazemos isso, Deus nos salva e envia Seu Espírito Santo para viver em nosso interior!

O gatinho chamado Fofo terá que se contentar com aconchego e guloseimas para gatos. Tanto quanto ele sabe, esses são os melhores presentes do mundo. Os animais nunca saberão o que estão perdendo!

PENSE SOBRE ISSO!

- Você gostaria de poder falar com os animais? Explique a sua resposta!
- De que maneira Deus criou os seres humanos para serem superiores aos animais?

27

Por que Deus criou pragas como mosquitos e carrapatos?

Ó Senhor, tu tens feito tantas coisas
e foi com sabedoria que as fizeste. A terra
está cheia das tuas criaturas.
Salmo 104:24

No princípio, Deus criou um mundo perfeito com um ecossistema perfeito. Este paraíso original foi chamado de jardim do Éden. Cada uma das criaturas que Deus criou, grande ou pequena, foi projetada com um propósito, cada uma trabalhando em conjunto com as outras para cumprir os ciclos da natureza. Deus se agradou de Sua obra e disse que era boa!

Hoje o mundo não é mais tão perfeito, já que as pessoas tendem a bagunçar as coisas. Mas isso não significa que o desígnio de Deus para a natureza ainda não seja especial e proposital. Mesmo as coisas que consideramos incômodas ou prejudiciais têm funções úteis.

Por exemplo, as bactérias podem causar doenças, mas também são necessárias para realizar trabalhos importantes na natureza, como fornecer nutrientes às plantas e nos manter saudáveis.

Os mosquitos podem ser insetos irritantes que sugam sangue, mas eles também desempenham sua função na polinização de plantas, além de serem uma importante fonte de alimento para outras criaturas, como morcegos, pássaros e répteis (Comam, morceguinhos!).

E os carrapatos parecem ser os piores e mais irritantes para nossos animais de estimação, mas são uma parte vital da cadeia alimentar das galinhas e perus, que adoram se deliciar com carrapatos crocantes. Quando os carrapatos consomem sangue de animais hospedeiros maiores, eles acumulam nutrientes que ajudam a manter as galinhas saudáveis.

Então, se a sua criatura menos favorita é um mosquito, carrapato ou outra praga, tenha certeza de que Deus criou essas criaturas por um bom motivo. Como acontece com muitas coisas neste mundo, precisamos lidar tanto com o bem como o mal, até que Jesus volte para restaurar a perfeição na Terra!

PENSE SOBRE ISSO!

- Cite uma criatura que você gostaria que Deus não tivesse criado. Por quê?
- Pense nos bilhões de animais, insetos e plantas que Deus projetou para este mundo. Ele deu a cada um deles uma função para eles desempenharem no grande quebra-cabeça da natureza. O que isso diz sobre a inteligência, criatividade e poder de Deus?

28

Por que Deus permite desastres naturais como tornados e furacões?

> Então todos ficaram admirados e disseram:
> — Que homem é este que
> manda até no vento e nas ondas?!
> Mateus 8:27

Algumas das demonstrações mais assustadoras e inspiradoras da bondade de Deus envolvem o clima e os fenômenos naturais. Tornados girando com quase um quilômetro de largura, furacões ferozes lançando gotas de chuva como balas, terremotos perigosos, incêndios florestais violentos, todas essas coisas são controladas por Deus.

Então, por que Ele não os impede?

A verdade é que Ele impede. Você não vê um tornado ou um furacão todos os dias, não é? Deus deve conter as águas, os ventos e o fogo regularmente para que eles não atrapalhem sua vida diária e não engulam a Terra. Às vezes, esquecemos que Sua misericórdia é evidente em um dia pacífico e comum.

Mas, ocasionalmente, Deus permite que ocorram desastres naturais, e os resultados podem ser devastadores. Cidades inteiras, até mesmo países foram destruídos por tempestades devastadoras, florestas em chamas ou terremotos. Por que Deus não evita todos os desastres?

O pecado colocou o mundo em risco de decadência. As consequências dos erros da humanidade atingem até a natureza, e Deus permitirá que Seu povo experimente dificuldades, às vezes, para nos ensinar uma lição, e, às vezes, para trazer compaixão uns pelos outros, ou até mesmo por razões que simplesmente não podemos entender. Talvez um dia possamos perguntar a Deus por que Ele permitiu que milhares de pessoas morressem em um tornado ou um deslizamento de terra, mas até lá, só precisamos confiar nele e saber que Ele está no controle.

Ainda assim, muitas histórias de fé e milagres podem surgir devido a incidentes dolorosos. Apesar da tragédia e do horror, a esperança e a bondade podem sempre aparecer.

PENSE SOBRE ISSO!

- Você gostaria de ser um caçador de tempestades? Como o relâmpago, o vento e o trovão demonstram o poder de Deus?
- Você crê que pode confiar em Deus mesmo quando coisas assustadoras acontecem?

29
O que é pecado?

> Quem peca é culpado de quebrar
> a lei de Deus, porque o pecado é a quebra da lei.
> Vocês já sabem que Cristo veio para tirar
> os pecados e que ele não tem nenhum pecado.
> 1 João 3:4-5

Ao completar 18 anos, você poderá obter sua carteira de motorista. Para se preparar para o teste, você precisará aprender as regras de trânsito, praticá-las e obedecê-las quando estiver no volante de um carro. Esse é o processo para se tornar um motorista responsável, digno de uma carteira de habilitação.

Mas e se dirigir não tivesse regras? Não haveria sinais de trânsito ou semáforos para determinar quem tem o direito de passagem. Os carros poderiam dirigir do lado direito da rua, do lado esquerdo da rua, subindo ou descendo no meio da rua, onde quisessem, rápido ou devagar, e todos poderiam buzinar ou ignorar seus cintos de segurança ou enviar mensagens de texto o quanto quisessem ao dirigir. A cidade inteira seria um caos!

Deus tem regras para a vida, assim como o Departamento de Trânsito tem regras para dirigir, porque as regras ajudam a manter a segurança e a paz. Quando o povo de Deus quebra uma "regra" (também conhecida como um mandamento nas Escrituras), isso é chamado de pecado.

Deus não criou o pecado. O pecado foi o resultado da escolha da humanidade de desobedecer às regras de Deus. E Deus permite que experimentemos as consequências de nossas escolhas. É uma das formas de aprendermos.

O próprio Deus não peca. Ele *não pode* pecar, porque Ele é perfeito. Nosso pecado nos separa de Deus. Ele criou um mundo perfeito, e as pessoas bagunçaram tudo.

No entanto, há boas notícias. Deus ama os pecadores! Desde o início, Ele planejou um plano para nos salvar de nossos pecados. E é disso que trata a Bíblia!

PENSE SOBRE ISSO!

- Qual carro você quer dirigir quando tirar sua carteira de motorista?
- Explique o que é pecado com suas próprias palavras. Por que Deus odeia o pecado? Você está realmente agradecido por Ele o amar apesar do seu pecado?

30
O que Deus pensa sobre o pecado?

Pois são os pecados de vocês que os separam do seu Deus, são as suas maldades que fazem com que ele se esconda de vocês e não atenda as suas orações.
Isaías 59:2

Imagine que você esteja usando um par de tênis brancos, novinhos em folha. Eles são perfeitos, sem nenhuma sujeira, praticamente brilhantes. Mas daí, você pisa numa poça de lama e eles ficam salpicados daquela meleca, bagunçados e sujos, e nunca mais serão os mesmos.

Isso é o que o pecado faz, mancha-nos. E Deus odeia o pecado. Aqui está o porquê:

O pecado nos separa de Deus. Fomos feitos para ter um relacionamento (ou seja, estar perto) com nosso Pai celestial. Mas nosso pecado nos separa dele até que sejamos restaurados pela fé em Jesus. E, mesmo depois de nos tornarmos cristãos, o pecado pode desviar a nossa atenção de Deus e colocá-la nas coisas tentadoras e desonrosas deste mundo. Enquanto vivermos neste mundo, o pecado tem o potencial de interferir em nosso relacionamento com Deus.

O pecado nos machuca. Não existe um pecado que não seja inofensivo. Escolhas pecaminosas podem prejudicar os nossos relacionamentos, fazer-nos sentir envergonhados e pensando se valemos o esforço de Jesus para nos salvar. Deus detesta nos ver escravizados pelo pecado. Ele quer nos libertar!

O pecado desonra a Deus. Sendo o Criador do Universo, Deus merece toda a glória e louvor. O pecado é o contrário da adoração. Em vez de dizer: "Deus, o Senhor é tremendamente maravilhoso! Eu confio em ti!", o pecado é como cuspir na face de Deus e dizer: "Não me importo com o que o Senhor pensa".

A boa notícia é que o pecado não precisa estragar a nossa vida. Quando você crê em Jesus, Ele lhe dará o poder de resistir ao pecado (1 Coríntios 10:13) e pedir socorro a Deus em busca de ajuda e perdão!

PENSE SOBRE ISSO!
- O que VOCÊ pensa sobre o pecado?
- De que forma o pecado te faz mal? Por que você acha que isso deixa Deus triste?

31

Como o pecado entrou no mundo?

A mulher viu que a árvore era bonita e que as suas frutas eram boas de se comer. E ela pensou como seria bom ter entendimento. Aí apanhou uma fruta e comeu; e deu ao seu marido, e ele também comeu.

Gênesis 3:6

Você consegue imaginar um mundo sem pecado? Imagine um lugar onde todos sempre obedeçam e ninguém quer machucar ninguém. Nenhuma pessoa consegue sentir inveja das coisas de outras pessoas ou se recusa a compartilhar. Todos sorriem, conversam gentilmente e ajudam uns aos outros.

Palavrões não fazem parte de um mundo sem pecado! O crime é inexistente! Gatos, cachorros e ratinhos brincam juntos... Que coisa mais doida seria isso! Infelizmente, nunca conheceremos um mundo assim até que Jesus volte, porque o pecado faz parte da humanidade. Tudo começou quando Adão e Eva, as primeiras pessoas que Deus criou, decidiram desobedecer a Deus. A princípio, o mundo era perfeito, mas no momento em que os filhos de Deus quebraram Sua confiança, o Senhor permitiu que o pecado se interpusesse entre nós em todas as gerações desde então.

O pecado de Adão e Eva é conhecido como a "queda" da humanidade. Ser "caído" significa ser manchado, imperfeito, pecaminoso. Um dia, Adão e Eva estavam de pé, perfeitos diante de Deus, e de repente eles "caíram" como presas do pecado e se sentiram envergonhados.

A boa notícia é que assim que a queda ocorreu, Deus colocou em ação o plano de um dia trazer Seu Filho, Jesus, ao mundo para levar o castigo por nossos pecados. Hoje podemos colocar nossa fé na obra salvadora de Jesus, que viveu a vida perfeita que não podemos viver e morreu a morte que merecíamos, para que, crendo nele, possamos nos libertar das correntes do pecado. Graças a Jesus, o pecado não precisa mais nos manter separados de Deus!

PENSE SOBRE ISSO!

- Como a sua vida seria diferente hoje se o mundo ainda fosse como o jardim do Éden, o lar original e sem pecado de Adão e Eva?
- De que forma você desobedece a Deus? Como você se sente depois? Você crê que Deus o ama e o perdoa repetidas vezes? Ele perdoa! Hoje, use parte do seu tempo em oração, agradecendo a Jesus por tornar possível o seu relacionamento com Deus.

32

Por que Deus simplesmente não apaga o pecado?

> O Senhor não demora a fazer o que prometeu, como alguns pensam. Pelo contrário, ele tem paciência com vocês porque não quer que ninguém seja destruído, mas deseja que todos se arrependam dos seus pecados.
> 2 Pedro 3:9

Na história da Cinderela, uma doce fada madrinha agita sua varinha e, em um instante, embeleza os arredores do local onde Cinderela está. "Puf!" Uma abóbora se transforma numa carruagem. "Puf!" Um rato se transforma num cavalo. "Puf!" Um vestido velho e rasgado torna-se um vestido cheio de brilhos para um baile. É fácil transformar o mundo quando você empunha uma varinha mágica!

Deus é mais poderoso do que um bilhão de varinhas mágicas. Ele é o todo-poderoso e onisciente chefe do Universo. Então, por que Ele simplesmente não faz "puf!" e apaga o pecado em um instante?

Bem, Ele poderia. Ele definitivamente é capaz. E Ele o fará!

Mas ainda não.

No livro de Apocalipse, a Bíblia descreve os planos de Deus para o futuro. Um dia Ele enviará Jesus de volta à Terra para estabelecer um novo reino, o novo Céu e a nova Terra. É quando Ele destruirá Satanás e o pecado será eliminado para sempre.

Até lá, Deus está dando tempo para que as pessoas se arrependam e sejam salvas. Enquanto o pecado estiver neste mundo, temos a oportunidade de escapar de Sua ira colocando nossa fé em Jesus. Muitas pessoas já se entregaram a Jesus e receberam o presente da vida eterna com Deus. Porém, muitas pessoas ainda não. E isso entristece a Deus. Ele não "se alegra" em ver a morte de pessoas que não o escolheram (Ezequiel 33:11).

É por isso que Deus ainda não começou o julgamento final do pecado, dando a chance de mais pessoas se entregarem e viverem com Ele para sempre. VOCÊ já entregou sua vida a Jesus?

PENSE SOBRE ISSO!
- Se você tivesse uma varinha mágica, para que a usaria?
- Por que você acha que Deus não quer que ninguém seja destruído? O que isso diz sobre o caráter dele?

33
Todos são filhos de Deus?

*Mas, a todos que creram nele
e o aceitaram, ele deu o direito de
se tornarem filhos de Deus.*
João 1:12

Deus criou todas as pessoas. Não existe ninguém no mundo em quem Deus não pensou e formou com Seu maravilhoso conhecimento e poder. Somos todos Sua criação!

Mas nem todos são Seus filhos.

Para ser um filho de Deus, você deve crer em Jesus, o Filho de Deus. A fé no Filho é o único caminho para um relacionamento com o Pai. Deus enviou Jesus para restaurar a conexão quebrada entre nós e Ele, para que qualquer um que confie em Jesus como seu Senhor e Salvador possa voltar a Deus e fazer parte de Sua própria família.

Isso se chama salvação.

Você sabe por que o fato de se tornar um filho de Deus é tão especial? Filhos e filhas têm direito a uma herança. O Pai passa a Sua riqueza para Seus filhos, o que neste caso significa as grandes riquezas do Céu! Quando Deus o salva, Ele não apenas o reivindica como Seu filho, mas também lhe dá o direito de possuir Suas promessas, poder e vida eterna. Uau!

Infelizmente, nem todos que Deus criou aceitarão a maravilhosa oferta de se tornar Seus filhos. A Bíblia chama isso de "porta estreita" e "porta larga" (Mateus 7:13-14). Muitos escolherão a porta larga que conduz à destruição, mas poucos escolherão a porta estreita que conduz à vida eterna.

Se você crê em Jesus, um dos privilégios que Deus lhe concede é a chance de contar a outras pessoas sobre a sua fé em Jesus. Você pode ajudar a inspirar outras pessoas a escolher a "porta estreita" e se juntarem a você na família de Deus!

PENSE SOBRE ISSO!

- Quais são os privilégios de ser filho ou filha? Em outras palavras, como seus pais ou responsáveis o tratam de maneira diferente de todas as outras crianças? Por exemplo, nem todas as crianças podem entrar em sua casa e pegar um suco na geladeira. Esse privilégio é somente das crianças da sua família. Nem todas as crianças tem o direito de receber dinheiro de sua mãe ou seu pai para comprar um lanche, mas você certamente tem porque seus pais são responsáveis por alimentá-lo. Pense em todas as grandes e pequenas maneiras pelas quais você desfruta de privilégios especiais como filho de seus pais (ou responsáveis).
- Que privilégios os cristãos têm como filhos de Deus?

GRANDES IDEIAS

Salvação: ser resgatado do pecado e de suas consequências.

34
Por que Jesus teve que morrer? Deus não poderia ter nos salvado de outro jeito?

> Porém ele estava sofrendo por causa dos nossos pecados, estava sendo castigado por causa das nossas maldades. Nós somos curados pelo castigo que ele sofreu, somos sarados pelos ferimentos que ele recebeu.
> Isaías 53:5

No princípio, Deus criou um mundo perfeito. A humanidade era a melhor parte da criação de Deus, mas, infelizmente, a humanidade desobedeceu a Deus. Porque Deus é santo, Ele não pode deixar nada impuro como a desobediência, a imperfeição e o pecado sem punição. Ele exige justiça pelos nossos pecados.

Por milhares de anos, Deus fez Seu povo pagar por seus pecados sacrificando um animal de seus rebanhos. Isso cobria a culpa deles temporariamente e os poupava da morte, que é o preço que todas as pessoas devem pagar pelo pecado não perdoado.

Enquanto isso, Deus prometeu um dia enviar o Messias, que significa "o escolhido", para libertar Seu povo da escravidão que sofriam. Muitas pessoas pensaram que esse Messias seria uma figura política ou um herói militar. Mas, em vez disso, Deus enviou um bebê, nascido em um estábulo; Seu nome era Jesus, o Filho de Deus.

Jesus era totalmente humano e totalmente Deus. A vida dele foi perfeita e sem pecado, o que significa que Ele não merecia ser punido. No entanto, Deus sacrificou Jesus na cruz, onde Ele voluntariamente sofreu o castigo por nossos pecados.

Jesus morreu para nos salvar de estarmos separados de Deus para sempre, em um lugar chamado inferno. Agora, em vez disso, qualquer pessoa que crê em Jesus irá para o Céu.

Então, por que Jesus teve que morrer? Porque as regras de Deus dizem que "não havendo derramamento de sangue, não há perdão de pecados" (Hebreus 9:22). Jesus se tornou nosso Cordeiro sacrificado. Ele pagou o preço que deveríamos por nossos pecados. É por isso que Ele é frequentemente chamado de "Cordeiro de Deus".

Já agradeceu a Jesus por morrer por você? A morte de Jesus é o maior presente de Deus para o mundo!

PENSE SOBRE ISSO!

- Imagine se você fosse um judeu na época em que Jesus estava vivo na Terra. Como você imaginaria o "escolhido" que Deus prometeu que resgataria o Seu povo? De que maneira Jesus era diferente do que eles esperavam?
- Em suas próprias palavras, explique porque Jesus teve que morrer por seus pecados.

35

O que significa "nascer de novo"?

> Jesus respondeu: Eu afirmo ao senhor
> que isto é verdade: ninguém pode
> ver o Reino de Deus se não nascer de novo.
> João 3:3

Todos os filhos de Deus têm dois aniversários: o dia em que nasceram do ventre de sua mãe, que é um nascimento natural, e o dia em que entregaram sua vida a Jesus, que é um nascimento espiritual. Esse segundo aniversário é o que a Bíblia chama de "nascer de novo".

Há uma passagem famosa na Bíblia, no capítulo 3 de João, na qual Jesus conversa com um líder judeu chamado Nicodemos. Este homem altamente instruído lutava com a ideia de que uma pessoa deveria nascer de novo, e ele não entendia o que Jesus dizia. Embora tenha dedicado toda a sua vida ao estudo das Escrituras, Nicodemos não conseguia entender a obra que Jesus fazia. Ele tinha perguntas para Jesus.

Jesus explica a Nicodemos que para segui-lo, para ser salvo, deve haver um ponto em que a pessoa aceite as lições que Ele ensina. E qual é o foco de Suas lições? Encontramos a resposta em João 3:16: "Porque Deus amou tanto o mundo que deu seu Filho único, para que todo o que nele crer não pereça, mas tenha a vida eterna".

Quem quiser ver o Céu um dia deve aceitar o que Jesus ensina e crer nele como Senhor e Salvador. Isso significa que eles devem colocar Jesus no comando de sua vida e confiar nele para restaurar seu relacionamento com Deus. E, quando isso acontece, mais uma pessoa nasce de novo! Isso é motivo para comemorar!

PENSE SOBRE ISSO!
- Por que o novo nascimento é motivo de comemoração?
- O que significa aceitar o ensinamento de Jesus? Você já fez isso?

36

Por que Deus simplesmente não leva as pessoas para o Céu assim que elas se tornam cristãs?

Porém, quando o Espírito Santo descer sobre vocês, vocês receberão poder e serão minhas testemunhas em Jerusalém, em toda a Judeia e Samaria e até nos lugares mais distantes da terra.
Atos 1:8

Você já ouviu falar sobre o "transportador"? É uma máquina especial em destaque na série de televisão *Star Trek*, usado para teletransportar pessoas instantaneamente de um local para outro. O transportador converte um corpo em energia que viaja super-rápido. Ele "transporta" um corpo e o leva rapidamente para outro local. Imagine ser capaz de "transportar-se" para escola em um único segundo, sem precisar andar de bicicleta ou de ônibus!

O transportador é ficção científica, mas na verdade, é possível ser transportado rapidamente, por Deus. Dois homens da Bíblia, Enoque e Elias, foram levados direto para o Céu sem experimentar a morte (veja Gênesis 5:24; 2 Reis 2:11). Com certeza, Deus é capaz de "transportar" Seus filhos sempre que Ele quiser.

Então, por que Ele não o faz? Por que não somos todos transportados direto para o Céu assim que nascemos de novo?

Porque Deus tem uma obra para fazermos na Terra!

Uma das maiores tarefas que Deus nos dá é contar a outras pessoas sobre Ele. Ele quer que compartilhemos nossa fé em Jesus para que mais pessoas possam crer e ser salvas.

Se todos os cristãos fossem para o Céu assim que aceitassem Jesus, quem sobraria na Terra para falar sobre Ele às pessoas? Quem sobraria para mostrar o amor e a graça de Deus? Como seguidores de Cristo, temos um grande papel a desempenhar aqui na Terra. Deus usa Seu povo para trazer mais pessoas à fé salvadora. Isso se chama ser uma testemunha. Podemos brilhar a luz de Cristo para que todos a vejam!

PENSE SOBRE ISSO!

- Que tipo de tecnologia de ficção científica você gostaria que existisse hoje? Transportadores? Carros voadores? Viagem no tempo? Como você usaria essa tecnologia, se pudesse?
- Por que você acha que Deus convida as pessoas a participarem de Sua obra na Terra? Como você pode ser uma testemunha de Cristo em sua escola ou bairro?

GRANDES IDEIAS

Testemunha: uma pessoa que compartilha a sua fé com os outros.

37

Se Deus tirou meus pecados, por que tenho que continuar confessando-os?

Mas, se confessarmos os nossos pecados a Deus, ele cumprirá a sua promessa e fará o que é correto: ele perdoará os nossos pecados e nos limpará de toda maldade.

1 João 1:9

O que é um pecado? Segundo a Bíblia, pecado é tudo o que nos separa de Deus. São todas as coisas que fazemos que não estão de acordo com o melhor plano de Deus para nós, como xingar alguém ou desobedecer a seus pais quando eles dizem para você terminar sua lição de casa antes de jogar videogame.

A chatice do pecado é que ele nos separa de Deus, prejudica o nosso relacionamento com Ele porque Deus é perfeito e não pode permitir que o pecado entre em Sua presença. Deus tem um remédio para esse problema: Jesus.

Deus enviou Seu Filho Jesus para morrer na cruz, para levar o castigo pelos seus pecados, para que quando você crer em Jesus, Deus perdoe todos os pecados que você cometeu no passado ou que cometerá no futuro. Ele os apaga! E isso significa que um dia você pode ficar junto a Deus no Céu.

Mas enquanto isso, aqui na Terra, as pessoas ainda estão confinadas a corpos imperfeitos, e até mesmo os filhos de Deus serão tentados a pecar. Embora Deus já tenha perdoado esses pecados de uma vez por todas, como cristãos, não devemos nos sentir confortáveis com o nosso pecado. Não devemos pensar que está tudo bem, porque Deus não acha que está tudo bem. Devemos declarar uma guerra contra o nosso pecado diariamente!

O simples ato de confessar seus pecados a Deus regularmente é como dizer a Ele: "Eu sou Seu, Deus! Eu não quero me contentar em ser um pecador. Ajude-me a continuar lutando contra o meu pecado!". E Ele o ajudará!

PENSE SOBRE ISSO!

- Pecado não são apenas coisas grandes como assassinato ou roubo. Pecar inclui as escolhas ruins em situações comuns que fazemos todos os dias, como ser indelicado, orgulhoso, impaciente, invejoso e muito mais. Que pecados você cometeu hoje? Você consegue se lembrar? Confesse-os a Deus agora, e Ele o perdoará!

- Receber a graça e a misericórdia de Deus é uma grande parte da vida cristã. Graça é quando Deus lhe concede algo de bom que você não merece, e misericórdia é quando Deus escolhe não lhe dar o castigo que você merece. Você já recebeu graça ou misericórdia de Deus? Quando?

38

Por que as pessoas ainda pecam depois de serem salvas?

> Portanto, meus queridos amigos, vocês que me obedeceram sempre quando eu estava aí, devem me obedecer muito mais agora que estou ausente. Continuem trabalhando com respeito e temor a Deus para completar a salvação de vocês. Pois Deus está sempre agindo em vocês para que obedeçam à vontade dele, tanto no pensamento como nas ações.
> Filipenses 2:12-13

Cite um pecado contra o qual você luta. É reclamar? Mentir? Provocar brigas ou discutir com seus irmãos? Qualquer coisa que você faça, diga ou pense que desobedeça a vontade de Deus para sua vida é considerado pecado.

Felizmente, quando Deus salva você, Ele perdoa os seus pecados. Essas são ÓTIMAS notícias! No entanto, Deus não remove a sua natureza pecaminosa, que é a sua tendência humana de ignorar ou rejeitar o que Deus diz que é melhor para você. Isso significa que enquanto você viver na Terra, você lutará contra a tentação do pecado. Superar essa tentação faz parte do seu processo de *santificação*.

"Santificar" significa aperfeiçoar, pouco a pouco. É o que significa quando a Bíblia diz para nós seguirmos "trabalhando com respeito e temor a Deus para completar a salvação". Salvação (ser salvo) acontece uma vez e pronto, para sempre. Mas a santificação (ser santificado) acontece todos os dias da sua vida na Terra. Esse longo processo de tornar-se mais parecido com Jesus dura a vida inteira.

A boa notícia é que você não precisa fazer isso sozinho. O próprio Deus, o Espírito Santo, concede a você o poder e a sabedoria para crescer em sua fé e fazer as escolhas certas. Ele ajuda você a desenvolver o forte desejo e a capacidade de obedecer e honrar a Deus.

Pense nisso como um treinamento esportivo. Dia após dia você passará por exercícios e mais exercícios para aumentar sua força e desempenho. Você vai melhorar no esporte escolhido ao longo do tempo.

Da mesma forma, ganhando experiência em viver de acordo com a Palavra de Deus, você construirá músculos espirituais ao longo do tempo. Você crescerá e será um cristão mais forte e maduro todos os dias!

PENSE SOBRE ISSO!

- Como o pecado afeta a sua vida pessoal?
- De que forma você cresceu como cristão desde o dia em que foi salvo? Ou… se você não tem certeza se já está salvo, fale com alguém sobre isso! Escolha um amigo ou adulto que ame Jesus e pergunte como você também pode se tornar um cristão!

GRANDES IDEIAS

Santificação: o processo que ocorre durante a vida inteira para tornar-se mais semelhante a Jesus.

39

Se Deus vai me perdoar de qualquer maneira, tudo bem pecar?

> Portanto, o que vamos dizer? Será que devemos continuar vivendo no pecado para que a graça de Deus aumente ainda mais? É claro que não! Nós já morremos para o pecado; então como podemos continuar vivendo nele?
> Romanos 6:1-2

Imagine que você tem um cachorrinho que é tão leal a você que o segue por toda parte. Ele adora estar com você, ele o protege e dorme ao seu lado à noite, e não há nada que você possa fazer para mudar a eterna devoção dele em relação a você. Este cãozinho é o seu melhor amigo na vida.

Você também ama ele, esse companheiro verdadeiramente especial. Mas, algumas vezes, você sente vontade de descontar sua raiva nele. Não porque ele mereça, e não porque você está bravo com o seu cachorro ou que não goste dele de alguma forma, mas apenas porque isso parece resolver seu problema. E a parte doida é que você sabe que o seu cachorro o ama MUITO, e vai perdoá-lo por sua atitude! Toda vez que fizer isso!

É certo descontar no cachorrinho? Não. De jeito nenhum! Que tipo de pessoa faria isso a um inofensivo cãozinho, leal e amoroso?

Bem... Todos nós, por assim dizer.

Porque tratar mal este cachorrinho é como pecar contra Deus. Nós amamos Deus; Ele é o melhor amigo que teremos. Sabemos que Ele nos ama TANTO que perdoará todos os pecados que cometemos. Então, mesmo que nosso pecado magoe Deus, às vezes, escolhemos pecar de qualquer maneira.

Se você é cristão, o pecado será tentador, mas nunca deve ser aceitável para o seu coração. Amar a Jesus é sentir arrependimento pelo seu pecado, e desejo de se libertar dele, em vez de se entregar a ele. Essa é a marca de um verdadeiro cristão!

PENSE SOBRE ISSO!

- Pense em alguém que você ama muito. Como você se sente quando você magoa esta pessoa? Como você imagina que Deus se sente quando nós o desobedecemos?
- A Bíblia fala muito sobre "morrer para o pecado". O que isso significa para você?

40
As doenças são causadas pelo pecado?

E essa pequena e passageira aflição que sofremos vai nos trazer uma glória enorme e eterna, muito maior do que o sofrimento.
2 Coríntios 4:17

*A**ah... ahh... ahh... tchim!*
Saúde!
Você já se perguntou por que Deus permite a doença? Todos nós temos resfriados ou problemas estomacais de vez em quando, e algumas pessoas também suportarão doenças crônicas ou graves. Não é pecado estar doente. Mas é possível que a doença seja causada pelo pecado.

A doença não fazia parte do plano original e perfeito de Deus. Quando o pecado entrou no mundo, tudo ficou sujeito à morte e à decadência, incluindo a nossa saúde. A doença faz parte da infelicidade de viver em um planeta imperfeito.

Ocasionalmente, Deus permitirá que uma pessoa fique doente como resultado direto de seu pecado individual. Por exemplo, se você desobedecer à sua mãe comendo muito doce, Deus pode permitir que você tenha uma dor de estômago. Se você comer muito hambúrguer todos os dias durante dez anos, Deus pode permitir que você desenvolva o colesterol alto ou uma doença cardíaca. Às vezes, a doença pode acontecer por causa de nossas más escolhas.

Porém, com mais frequência, a doença é apenas parte da vida. Deus não inflige isso a nós para nos punir. Muito pelo contrário, Ele fica triste em nos ver sofrendo, e o Senhor está perto de você quando você está com dor.

Sua mãe teve câncer porque pecou? Não.

Seu irmão pegou COVID porque pecou? Não.

Você acordou com dor de garganta porque Deus o odeia? Absolutamente não!

Deus o ama, conforta e é capaz de curar todas as suas doenças (veja Salmo 103:3), às vezes, *antes* de irmos para o Céu, e, às vezes, *quando* vamos para o Céu.

PENSE SOBRE ISSO!

- Pense em uma ocasião em que você esteve doente. O que Deus usou para o restaurar (por exemplo, a ajuda dos seus pais, remédios, sabedoria de médicos etc)?
- A doença pode ser uma maneira de compartilharmos o sofrimento de Cristo (Filipenses 3:10). Como ela nos torna mais semelhantes a Jesus?

41
Quem escreveu a Bíblia?

> Pois toda a Escritura Sagrada é inspirada por Deus e é útil
> para ensinar a verdade, condenar o erro, corrigir as faltas
> e ensinar a maneira certa de viver. E isso para que o servo de
> Deus esteja completamente preparado e pronto
> para fazer todo tipo de boas ações.
> 2 Timóteo 3:16-17

Lucy Maud Montgomery escreveu *Anne de Green Gables*. J. R. R. Tolkien escreveu *O hobbit*. C. S. Lewis escreveu *As Crônicas de Nárnia*. Todos os livros clássicos têm autores, incluindo a Bíblia.

Deus é o autor da Bíblia. Ele "soprou" as palavras para certas pessoas que Ele escolheu para registrar Sua história. Diferentes livros da Bíblia foram escritos por diferentes autores humanos em vários pontos da história, mas Deus os inspirou a todos. Isso significa que Ele usou Seu poder sobrenatural para colocar as ideias nas mentes dos escritores, para que as palavras que eles escreveram fossem exatamente como Deus pretendia, embora cada livro da Bíblia tenha mantido a personalidade, vocabulário e estilo pessoal de seu escritor.

Por exemplo, o apóstolo Paulo escreveu vários livros do Novo Testamento, incluindo as cartas de Gálatas, Colossenses, Efésios, Filipenses e outros. Paulo escreveu seus livros principalmente como cartas para igrejas específicas, usando sabedoria e inspiração do Espírito Santo.

O rei Davi escreveu muitos dos salmos da Bíblia. Ele os escreveu como canções, mas também foi inspirado por Deus.

E muitos profetas registraram suas histórias e lições em livros que receberam os seus nomes com autores, como os livros de Daniel, Jeremias, Isaías, Ezequiel e outros tantos. Deus inspirou cada um dos profetas a escrever as mensagens que Ele lhes deu. Desde então, pessoas de todas as gerações foram beneficiadas ao "ouvir" as palavras do próprio Deus nestes manuscritos!

A Bíblia também é chamada de "Palavra de Deus" porque é exatamente isso: mensagens de Deus, escritas por seres humanos, por meio da inspiração divina. O Senhor ainda fala conosco por intermédio da Bíblia hoje!

PENSE SOBRE ISSO!

- Qual foi o último livro que você leu? Quanto tempo você acha que levou para o autor escrevê-lo? Um ano? Talvez dois? Considere isto: A Bíblia foi escrita durante um período de 1500 anos!
- Sabendo que Deus escreveu a Bíblia, você acha que seu conteúdo é confiável e verdadeiro? Dica: Deus não conta mentiras!

GRANDES IDEIAS

Inspiração divina: ser influenciado e guiado por Deus.
Manuscrito: um documento escrito à mão.

42

Como sabemos que a Bíblia é verdadeira?

Que eles sejam teus por meio da verdade;
a tua mensagem é a verdade.
João 17:17

Bicarbonato de sódio e vinagre misturados formam bolhas: sim ou não?

Como você pode provar que esta afirmação é verdadeira? Bem, você pode tentar, certo? Faça esse experimento! Pegue uma tigela, misture uma colher de chá de bicarbonato de sódio e uma colher de sopa de vinagre, e observe o que acontece. Os dois ingredientes borbulham em uma espuma! Agora você tem evidências científicas de que o bicarbonato de sódio e o vinagre realmente se misturam para formar bolhas.

A Bíblia é verdadeira; sim ou não?

Como podemos provar que a Bíblia é verdadeira? Da mesma forma que provamos a teoria da espuma. Devemos encontrar as evidências. E a história está cheia disso!

Os arqueólogos descobriram pergaminhos contendo manuscritos antigos da Bíblia. A partir dessas primeiras cópias, podemos comparar a Bíblia de hoje às palavras originais, e os cientistas encontraram muito poucas diferenças. Isso significa que a Bíblia que lemos hoje é a mesma Bíblia que Deus inspirou os escritores originalmente.

Esses estudiosos também encontraram ruínas antigas e artefatos que contêm muitos detalhes sobre pessoas, eventos e cultura registrados na Bíblia. Por exemplo, os pesquisadores encontraram uma pedra inscrita com o nome do rei Davi, que remonta ao século 9 a.C., que foi a primeira evidência histórica do rei Davi fora da Bíblia.

E, finalmente, muitos outros livros de história mencionam Jesus e outros acontecimentos históricos descritos na Bíblia. Livros seculares confirmam as histórias registradas na Palavra de Deus.

Os historiadores de hoje continuam a descobrir mais e mais provas que dão suporte aos textos da Bíblia. Podemos saber que a Bíblia é verdadeira porque a evidência é gigantesca!

PENSE SOBRE ISSO!

- Se você fosse um arqueólogo, que parte da história da Bíblia você mais gostaria de descobrir?
- Deus criou a história, portanto, faz todo o sentido que a história daria suporte à Bíblia como verdadeira e exata. Por que você acha que pessoas que não creem em Deus têm dificuldade em aceitar que a Bíblia é verdadeira? Como as descobertas históricas podem ajudar estas pessoas a crerem em Deus?

GRANDES IDEIAS

Arqueólogo: a pessoa que estuda a história humana através de escavações de artefatos.
Artefatos: objetos feitos por pessoas há muito tempo.
Historiador: especialista no estudo da história.
Secular: sem base religiosa ou espiritual.

43
Quem decidiu quais livros entrariam na Bíblia?

E existe outra razão pela qual sempre damos graças a Deus. Quando levamos a vocês a mensagem de Deus, vocês a ouviram e aceitaram. Não a aceitaram como uma mensagem que vem de pessoas, mas como a mensagem que vem de Deus, o que, de fato, ela é. Pois Deus está agindo em vocês, os que creem.
1 Tessalonicenses 2:13

A Bíblia é composta por 66 livros, escritos em épocas diferentes por vários autores. A primeira parte da Bíblia, o Antigo Testamento, é sobre o relacionamento de Deus com o Seu povo e a promessa de um Salvador. A segunda parte da Bíblia, o Novo Testamento, concentra-se em Jesus Cristo, que é o cumprimento da promessa de Deus.

A Bíblia como a conhecemos hoje nem sempre existiu. Antes de Jesus vir, os judeus estudavam a Torá, que é basicamente o Antigo Testamento. Ainda não havia Novo Testamento para estudar! Então, quando Jesus chegou, Seus seguidores, pessoas como João, Lucas, Paulo e Pedro, passaram décadas escrevendo os livros que hoje conhecemos como o Novo Testamento.

Em algum lugar ao longo do caminho, alguém teve que escolher quais livros fariam parte do "cânone", a "coleção oficial" de escritos inspirados que agora chamamos de Bíblia. Este grande trabalho foi dado a vários comitês de líderes da Igreja no século 4. Eles debateram quais livros eram qualificados como a Palavra de Deus, com base em alguns critérios importantes, como perguntas essenciais tais como: O povo judeu tinha o hábito de estudar e confiar no livro? Ele foi escrito por um apóstolo ou alguém intimamente ligado a um deles? Seus ensinamentos seguiram certos padrões morais? E assim por diante.

Em última análise, não foram as pessoas, mas Deus quem escolheu o que tornou-se canônico. Assim como Ele inspirou os autores da Bíblia, Ele também inspirou os primeiros líderes da igreja a selecionar os livros que Ele pretendia que se tornassem as Escrituras, nenhum a mais e nenhum a menos.

PENSE SOBRE ISSO!

- Que perguntas você faria se tivesse que decidir se um livro poderia fazer parte da Bíblia ou não? Por quê?
- Qual é a sua passagem favorita na Bíblia? Por quê?

GRANDES IDEIAS

Cânone: coleção de livros que são inspirados por Deus e, portanto, fazem parte da Bíblia.

44

A Bíblia e a ciência discordam?

Pois, por meio dele, Deus criou tudo, no céu e na terra, tanto o que se vê como o que não se vê, inclusive todos os poderes espirituais, as forças, os governos e as autoridades. Por meio dele e para ele, Deus criou todo o Universo. Antes de tudo, ele já existia, e, por estarem unidas com ele, todas as coisas são conservadas em ordem e harmonia.
Colossenses 1:16-17

Alguns cientistas de hoje afirmam que Deus não existe. Eles acreditam que, uma vez que não podemos provar que Deus existe por meio de observação científica ou experimentos, então Ele não deve ser real. Isso leva algumas pessoas a pensarem que devem escolher entre crer em Deus ou acreditar na ciência.

Mas a verdade é que Deus não se opõe à ciência. Ele a comanda! A ciência é o estudo da criação de Deus: objetos, sistemas e processos encontrados na natureza, que Deus estabeleceu para que o mundo e o Universo como um todo poderia funcionar. "No começo Deus criou os céus e a terra", que era "um vazio, sem nenhum ser vivente" (Gênesis 1:1-2). Os Céus (significando o espaço sideral e o Universo sobrenatural da morada de Deus) e a Terra não existiam antes de Deus os criar. Ele sozinho fez o Universo e tudo que existe nele.

Em Gênesis 1, a Bíblia descreve os passos que Deus deu para criar a luz, o tempo, céu, mar, terra, plantas, o Sol, a Lua, estrelas, planetas, peixes, pássaros, animais terrestres e seres humanos. Foi tudo um processo muito ordenado e inteligente, projetado pelo Criador, também organizado e inteligente.

Um dia, os estudos científicos humanos reconhecerão que Deus mantém todo o Universo unido, e que toda ciência leva a Ele!

PENSE SOBRE ISSO!

- Se você estivesse com Deus quando Ele criou o mundo, que parte você mais gostaria de ter presenciado? Por exemplo, você gostaria de ter visto as montanhas tomando forma? Talvez você gostasse de ver Deus criando um elefante ou um avestruz. E quanto a Adão e Eva? Não teria sido fascinante ver Deus formando os primeiros seres humanos? O que você acha?
- De que maneiras a ciência nos dá um vislumbre de quão maravilhoso nosso Deus Criador é?

45

A Bíblia fala sobre dinossauros e homens das cavernas?

*Olhe para o monstro Beemote, que eu criei,
como também criei você. Ele come capim como o boi.*
Jó 40:15

O nde a vida pré-histórica se encaixa na Bíblia? Os estudiosos da Bíblia ainda debatem essa questão. Alguns acreditam que a Bíblia menciona dinossauros e que os dinossauros viveram ao lado dos homens. Outros dizem que não podemos ter certeza. Vamos examinar o que a Bíblia diz.

Em primeiro lugar, a palavra *dinossauro* só foi criada em 1841, por um cientista britânico chamado Sir Richard Owen. No entanto, a Bíblia usa outras palavras para descrever o que podem ter sido os dinossauros. Por exemplo, no livro de Jó, Deus descreve um "gigante", que é uma criatura herbívora cujo "rabo levantado é duro como um galho de cedro" e cujos "ossos são fortes como canos de bronze" (Jó 40:15-24). O gigante era enorme e poderoso. Alguns estudiosos acreditam que essa descrição corresponde ao braquiossauro ou outros saurópodes.

Em outra parte da Bíblia está a palavra hebraica *tannin*, que se refere a serpentes marinhas e terrestres que pareciam répteis ou dragões. Essas criaturas são mencionadas quase 30 vezes no Antigo Testamento.

Sabemos pela arqueologia que os dinossauros existiram porque seus ossos foram descobertos. Então, por que eles não vivem na Terra hoje? A Bíblia não responde explicitamente essa pergunta. Alguns teólogos acreditam que os dinossauros provavelmente morreram após o dilúvio ou foram caçados até a extinção.

Quanto aos homens das cavernas, a Bíblia não apoia a ideia de que versões primitivas do homem existissem antes de Adão e Eva. Muito provavelmente, os homens viveram em cavernas após o dilúvio, quando tiveram que recomeçar e encontrar abrigo na natureza. Eles provavelmente usaram materiais básicos da natureza, tais como rochas como ferramentas. Mas eles eram seres humanos normais como nós!

PENSE SOBRE ISSO!

- Como você acha que seria viver ao lado dos dinossauros?
- Você tem dificuldade em aceitar que alguns assuntos permanecem não respondidos nas Escrituras? Deus não nos dá respostas explícitas para todos os tópicos ou perguntas, mas ainda podemos confiar que Sua Palavra é verdadeira. Ter fé significa crer em Deus, que pode escolher manter algumas coisas sob mistério!

GRANDES IDEIAS

Pré-histórico: antes da história. A Bíblia não sustenta a teoria de vida "pré-histórica", já que a história do mundo foi registrada a partir do seu início descrito em Gênesis.

46

Por que o Deus do Antigo Testamento parece tão severo?

> Jesus Cristo é o mesmo ontem, hoje e sempre.
> Hebreus 13:8

No filme *Uma Aventura LEGO*, 2014, há um personagem, o "Guarda mau", que pode girar a cabeça e se transformar no "Guarda bom". De um lado, o rosto do "Guarda mau" sente raiva, e ele chuta cadeiras e questiona o herói do filme, Emmett. Por outro lado, o rosto do "Guarda bom" é amigável e gentil. Ele chama Emmett de "amigo" e lhe oferece um copo d'água. Um policial, duas personalidades.

Você já se perguntou se Deus é assim?

No Antigo Testamento, a Bíblia está repleta de histórias de Deus castigando as pessoas por seus pecados. Ele trava guerras contra nações pagãs e dá muitas ordens para os israelitas seguirem.

No Novo Testamento, Deus (na forma de Jesus) é gentil e perdoador. Ele diz às pessoas para amarem seus inimigos e apaga os seus pecados. Como pode ser o mesmo Deus?

Mas é. Talvez os dois Testamentos pareçam enfatizar diferentes aspectos do caráter de Deus, mas Deus é o mesmo Deus em toda a Bíblia. Seu caráter é estável e Ele nunca muda.

Aqui está a maneira mais simples de explicar a diferença entre os dois Testamentos:

O Antigo Testamento *prova* que as pessoas precisam de um Salvador. Deus deu aos israelitas todas essas regras para mostrar a eles que não poderiam segui-las perfeitamente por conta própria.

O Novo Testamento *apresenta* o Salvador, Jesus Cristo, que teve vida perfeita que nós não podemos ter e morreu a morte que nós merecemos, para que "todo aquele que nele crer não morra, mas tenha a vida eterna" (João 3:16).

PENSE SOBRE ISSO!

- Você tem um pouco de "Guarda bom/Guarda mau" em você? Você é capaz de ser mal-humorado em um momento e amigável no outro?
- Como as ordens do Antigo Testamento mostravam às pessoas que elas precisavam de um Salvador?

47

Por que as pessoas citadas em Gênesis viveram tanto?

*De repente, os nossos dias são cortados pela tua ira;
a nossa vida termina como um sopro. Só vivemos
uns setenta anos, e os mais fortes chegam aos oitenta,
mas esses anos só trazem canseira e aflições.
A vida passa logo, e nós desaparecemos.*
Salmo 90:9-10

Você sabia que Adão viveu até os 930 anos? Noé até 950. Seu filho Sem viveu até os 600 anos, e Abraão morreu na primavera de sua vida, "apenas" aos 175 anos. Você pode encontrar todas as histórias desses homens no livro de Gênesis.

Com o passar do tempo, conforme lemos mais adiante na Bíblia, pessoas como Davi e Salomão viveram até os 70 ou 80 anos, o que é mais parecido com o tempo médio de vida de hoje. Então, por que o primeiro povo de Deus viveu por tanto tempo?

Uma explicação é que a morte nunca foi feita para fazer parte da vida na Terra. Quando Adão e Eva pecaram e trouxeram a maldição sobre toda a humanidade, a morte e a decadência tornaram-se parte de nosso castigo. Com o tempo, Deus ceifou a vida cada vez mais cedo, à medida que o pecado se tornava mais e mais parte na cultura humana. Nesse caso, comparar o tempo de vida das pessoas no livro de Gênesis com o nosso tempo de vida atual nos faz perceber quão pecaminoso o mundo se tornou, e talvez isso nos motive a vencer o pecado em nossa vida.

O tempo de vida de pessoas como Adão e Noé nos mostra que o plano original de Deus era para a vida, não para a morte. É por isso que Deus passa o restante da Bíblia, de Gênesis a Apocalipse, revelando Seu plano final: vencer a morte por meio de Seu Filho, Jesus Cristo.

Você não viverá até os 900 anos aqui na Terra, mas você VIVERÁ para sempre, se você crer em Jesus como seu Salvador. O Céu será o lugar onde o plano original de Deus para a vida eterna é restaurado. E VOCÊ vai conseguir colher esses benefícios!

PENSE SOBRE ISSO!

- Como você acha que Adão e Noé eram quando eles chegaram ao seu 900º aniversário?
- Mais importante do que o número de anos que uma pessoa vive na Terra é o que *elas fazem* com os anos que elas têm. Como você pode ser responsável sobre como investir o seu tempo na Terra honrando a Deus?

48

Por que Deus me criou?

Tu criaste cada parte do meu corpo; tu me formaste na barriga da minha mãe. Eu te louvo porque deves ser temido. Tudo o que fazes é maravilhoso, e eu sei disso muito bem.
Salmo 139:13-14

Cite algo que você gosta em você mesmo. Talvez você seja bom em futebol, um artista talentoso ou saiba fazer as pessoas rirem. Há toneladas de coisas para se admirar sobre como Deus o criou!

Agora vamos inverter. Cite algo que você não gosta em si mesmo. Você consegue pensar em alguma coisa?

Infelizmente, muitas pessoas se concentram em coisas que gostariam de poder mudar.

Meu nariz é torto.

Eu não sou alto o suficiente.

Eu canto desafinado.

Mas adivinhe? Deus não o vê dessa maneira.

Uma das verdades principais sobre Deus é que Ele não comete erros. Ele nunca cometeu um erro na história de Sua existência, e Ele certamente não errou ao criar você! Deus o criou intencionalmente, para um propósito. Isso significa que Ele projetou seu nariz exatamente do jeito que ele é, e Ele o ama!

Ele escolheu sua altura, sua voz, seus talentos e seus interesses especialmente para você. Ele o criou desde a menor célula na barriga da sua mãe até a versão adulta que você um dia se tornará. Deus criou uma "mistura" especial para cada pessoa neste mundo, e a SUA receita especial de características dadas por Deus o torna único e belo aos olhos do Criador. Ele não foi forçado a criar você, mas Ele o criou porque quis. Ele se alegra em você. Você é uma obra-prima única!

Então, da próxima vez que você quiser reclamar ou ficar envergonhado sobre algum aspecto de quem você é, lembre-se de que Deus o criou e o chama de Seu. Você foi feito de maneira maravilhosa. Assim diz Deus!

PENSE SOBRE ISSO!

- Você já desejou os talentos ou características de outra pessoa? Sim ou não? Por quê?
- Apreciar os talentos e características que Deus lhe deu é realmente um ato de louvor a Ele. Como você honra a Deus ao valorizar Sua obra-prima (você)?

49

Deus se preocupa comigo?

> Vejam como é grande o amor do Pai por nós! O seu amor é tão grande, que somos chamados de filhos de Deus e somos, de fato, seus filhos. É por isso que o mundo não nos conhece, pois não conheceu a Deus.
>
> 1 João 3:1

Fale o nome de alguém que o ama muito. É sua mãe, seu pai? Um avô? Talvez um irmão ou um parente especial que ajudou a criá-lo? As chances são de que alguém neste mundo o ache incrível. Para eles, você é o centro do mundo.

Você sabia que Deus o ama ainda mais do que isso?

Deus o criou, e você pertence a Ele. Seus pais, seus avós, seus parentes, eles são as pessoas que Deus encarregou de o criar, e Deus quer que eles gostem de você e o sustentem. Mas até eles sabem que você é apenas um "empréstimo" de Deus. Ele é o Pai supremo e protetor de sua alma.

Um dos primeiros estudiosos da Bíblia, centenas de anos atrás, chamava-se Agostinho. Ele tem uma citação famosa que diz: "Deus ama a cada um de nós como se houvesse apenas um de nós".

Quantas pessoas você acha que existem no mundo hoje? Quase 7,5 bilhões! Se você tivesse todo esse tanto de animais de estimação, você acha que poderia cuidar de todos igualmente? Você poderia conhecer todos os detalhes sobre cada um deles e passar o tempo treinando e brincando com cada um deles todos os dias? Sem chance! No entanto, Deus pode.

Ele cuida de cada um de nós a cada momento de cada dia e ama a cada um de nós. Ele o ama, como se VOCÊ fosse a única pessoa no mundo. Isso não é algo para comemorar?

PENSE SOBRE ISSO!

- Se você tivesse que tomar conta dos cãezinhos dos seus vizinhos, de quantos você acha que poderia cuidar ao mesmo tempo? Talvez cinco ou seis? Uma dúzia? Como você acha que Deus pode cuidar de todos os seres humanos, no mundo todo, ao mesmo tempo?
- Deus é o Pai perfeito, Ele o ama incondicionalmente e Seu amor nunca vacila ou falha. Como isso torna o amor de Deus diferente do amor humano?

50
Deus vê tudo o que faço?

Ele o guardará quando você for e quando voltar, agora e sempre.
Salmo 121:8

Você já passou por um pedágio? Cada carro que passa pela linha de pedágio é gravado por uma câmera. As autoridades de trânsito instalam câmeras nas estradas para que ninguém passe sem ser notado, e sejam vistos. Um motorista pode pensar que pode fugir sem pagar o pedágio, mas algumas semanas depois receberá uma multa pelo correio com uma foto de seu veículo culpado de passar pelo pedágio sem pagar. Uma multa como punição!

Deus também pode ver tudo o que você faz, mas Ele não está apenas atento ao seu mau comportamento. Ele cuida de você como um Pai amoroso e protetor, alegrando-se contigo, sorrindo para você e torcendo por sua vitória. Ele vê quando você o obedece, assim como quando comete erros e faz escolhas erradas, mas o Senhor não está esperando para fotografá-lo e cobrar por cada erro seu. Em vez disso, Ele o convida a confiar nele, a crer que Sua vontade é a melhor para sua vida e a se aproximar dele quando sentir vontade de desobedecê-lo.

Um dos nomes de Deus, no Antigo Testamento, é *El Roi*, que significa "o Deus que me vê". Ele ganhou esse nome na história de Agar, uma serva que foi maltratada por sua senhora, Sara. Agar fugiu para o deserto e Deus enviou um anjo para consolá-la.

Com essa história, nós podemos concluir que Deus não vê apenas as suas vitórias e erros, Ele também vê a sua dor. O Senhor sabe tudo o que você está passando, cada dúvida, preocupação e estresse. Você pode encontrar conforto sabendo que nunca está sozinho!

PENSE SOBRE ISSO!

- Você gostaria de ter a capacidade de ver tudo, em todos os lugares, ao mesmo tempo? Sim ou não? Por quê?
- Como você se sente ao saber que Deus o vê a cada momento? Lembre-se, Deus é bom e o ama, e você não precisa sentir medo ou vergonha!

51
O que Deus quer de mim?

Sem fé ninguém pode agradar a Deus, porque quem vai a ele precisa crer que ele existe e que recompensa os que procuram conhecê-lo melhor.
Hebreus 11:6

Sendo criança, você vive sob um conjunto de expectativas. Seus pais esperam que você faça sua lição de casa, limpe seu quarto e vá para a cama na hora certa. Os professores esperam que você fique em silêncio enquanto eles ensinam, e os de educação física esperam que você corra várias voltas, jogue bem e demonstre um bom espírito esportivo.

Ufa! Você tem muito trabalho a fazer para agradar todas as pessoas com autoridade em sua vida!

Deus é a sua autoridade máxima. Toda a criação responde a Ele. Então, pode ser natural nos perguntarmos: *O que Deus espera de mim?* Quais são as "regras" de Deus para a minha vida?

A Bíblia está cheia de mandamentos sobre ter um comportamento justo. Mas você sabia que não pode agradar a Deus apenas com o seu bom comportamento? O que Ele realmente quer de você é a sua *fé*.

Deus diz que se você crê nele, ou seja, acredita que Ele é verdadeiro e que concede boas dádivas a Seus filhos, então você cumpriu os requisitos básicos para agradá-lo! Tendo fé em Deus, você pode se aproximar dele, comunicar-se com Deus e fazer os seus pedidos, e Ele cuidará de você como um pai orgulhoso — não por causa do que você faz ou deixa de fazer, mas porque você crê nele. É a sua fé que deixa Deus feliz.

O legal da fé é que ela transforma o seu coração, para que você realmente *queira* agradar a Deus. Você não fará isso perfeitamente porque o pecado ainda é um fator que incomoda, mas a fé torna as boas escolhas muito mais atrativas! Sua fé em Jesus o ajuda a oferecer o seu melhor VOCÊ!

PENSE SOBRE ISSO!

- Quais regras você segue diariamente? Você gosta de seguir regras ou fica com vontade de quebrá-las?
- Por que você acha que Deus quer sua fé, acima de todas as coisas? Como a fé honra e glorifica Deus?

52

Será que Deus ainda fala conosco hoje?

Tudo o que Deus diz é verdade. Ele é como um escudo para todos os que procuram a sua proteção.
Provérbios 30:5

Sua escola tem um quadro de anúncios do dia? Ou alto-falantes na parede, que podem transmitir atualizações ou instruções da secretaria da escola? Seu diretor fala em um microfone que está sobre a mesa dele e todos os alunos e professores do prédio podem ouvi-lo?

Você já desejou que Deus falasse com você dessa maneira? Não seria bom se Ele apenas aparecesse pelo alto-falante diariamente com instruções sobre o que fazer ou esperar?

Deus costumava falar de forma audível às pessoas piedosas e profetas do Antigo Testamento e, claro, falou por intermédio de Jesus Cristo durante os anos em que Ele viveu entre nós. Mas, hoje, muitas vezes, Deus parece silencioso. Ele não está exatamente ligando um microfone e conversando junto ao nosso ouvido.

No entanto, isso não significa que Ele parou de falar. Aqui estão algumas maneiras pelas quais Deus fala com você, hoje:

Por meio da Bíblia. A Bíblia também é chamada de "Palavra de Deus" por um bom motivo, pois é a mensagem dele para nós! A Bíblia contém tudo o que Deus quer que você saiba sobre o Senhor e seu relacionamento com Ele. Portanto, leia, estude e memorize, pois é a "voz" de Deus em sua vida!

Por meio da oração. Deus quer que você fale com Ele. O Espírito Santo pode lhe dar uma sensação de paz, uma inquietação ou convicção para ajudá-lo a "falar" com Ele.

Por meio de sábios conselheiros. Às vezes, Deus usa outras pessoas em sua vida para ensinar ou guiá-lo com seus bons conselhos.

Preste atenção a esses três "alto-falantes" de Deus, e o Senhor nunca o guiará para o mal!

PENSE SOBRE ISSO!

- Se Deus pudesse transmitir anúncios diários para sua vida, o que você acha que Ele diria?
- Nosso versículo de hoje diz que as palavras de Deus são "verdade". O que isso significa?

53

Por que Deus nos dá o livre-arbítrio?

> Porém vocês, irmãos, foram chamados para serem livres. Mas não deixem que essa liberdade se torne uma desculpa para permitir que a natureza humana domine vocês. Pelo contrário, que o amor faça com que vocês sirvam uns aos outros.
>
> Gálatas 5:13

Darci Lynne é uma ventríloqua talentosa que ficou famosa no programa de TV *America's Got Talent* (América tem talento) por sua incrível habilidade de cantar sem mover os lábios. Darci se apresenta ao lado de uma variedade de fantoches encantadores, incluindo a doce, feminina e vaidosa coelha Petúnia e Oscar, um ratinho tímido e estudioso.

No palco, esses bonecos parecem ter vontade própria, o que torna o show de Darci tão divertido. Mas a verdade é que Darci controla cada movimento que seus fantoches fazem. Petúnia e Oscar não se movem um centímetro nem falam uma palavra sem o poder e a permissão de sua mestra. Sozinhos, eles são apenas dois bichos de pelúcia sem vida.

Você gostaria de ser uma marionete assim?

Felizmente, Deus não é um ventríloquo. Ele não quer que o Seu povo seja uma marionete. Ele dá a cada um de nós a capacidade de fazer nossas próprias escolhas, de dizer e fazer o que quisermos. Isso se chama livre-arbítrio.

O livre-arbítrio pode ser algo maravilhoso. Ele nos dá liberdade para viver como quisermos. Mas também pode ser perigoso, porque a liberdade de escolha significa que é possível rejeitar Jesus. Deus não nos força a acreditar em Seu Filho. Essa é uma escolha que Ele nos permite fazer.

Quando você faz a escolha de crer, significa que seu amor e devoção a Deus são genuínos e plenos de significado. Imagine se Petúnia ganhasse vida e pudesse ir para qualquer lugar do mundo, mas ela ainda escolhesse ficar com Darci. Isso sim é lealdade! Quando você não *precisa*, mas *quer* — é assim que Deus sabe que você realmente o ama.

PENSE SOBRE ISSO!

- Se você pudesse ser famoso por algum talento ou habilidade, qual seria?
- De que maneira você usa o seu livre-arbítrio para honrar (ou desobedecer) a Deus?

54

Para que serve a oração se Deus já tem um plano?

Façam tudo isso orando a Deus e pedindo a ajuda dele. Orem sempre, guiados pelo Espírito de Deus. Fiquem alertas. Não desanimem e orem sempre por todo o povo de Deus.

Efésios 6:18

Se você ganhasse uma viagem para o Havaí, você iria? As ilhas do Havaí têm praias com areia branquinha, clima ensolarado e frutas doces. Mas, para chegar lá, você precisa ir de avião.

Você questionaria: "Para que serve pegar este avião"?

Provavelmente não, se você realmente quisesse ir ao Havaí.

A oração é mais ou menos assim. Deus tem um destino em mente (um plano), mas também há todo um processo para chegar lá (a viagem de avião, também conhecida como jornada). VOCÊ faz parte desse processo. Deus usa as suas orações para realizar o plano dele.

Para ilustrar, digamos que seu pai perdeu o emprego. Deus já decidiu que, em 2 meses, Ele concederá ao seu pai um novo emprego, que será ainda melhor. Esse é o "destino". Exatamente *como* Deus realizará esse novo trabalho é que é o processo ou a "jornada" em direção a esse destino.

Porque Deus é soberano, Ele já sabe que você vai orar para que seu pai consiga um novo emprego excelente. Portanto, Ele decide que uma das maneiras pelas quais Ele realizará o desejo por um novo trabalho é respondendo às suas orações. Deus encaixa as orações que você faz no grande plano dele, como peças de um quebra-cabeça, e as usa para fazer a diferença neste mundo.

Você entende como há poder em suas orações? Eles são uma parte crucial da jornada para cumprir a vontade de Deus. Então continue orando! Deus está contando com isso!

PENSE SOBRE ISSO!

- Se você ganhasse uma viagem para qualquer lugar no mundo, onde iria? Quem iria com você?
- Sabendo que Deus usa as suas orações para concretizar o Seu plano, em sua vida e na dos outros, você se sente mais motivado a orar? Por que sim ou por que não?

55
É possível que eu atrapalhe o plano de Deus para a minha vida?

A sabedoria, a inteligência e o entendimento das pessoas não são nada na presença do Senhor.
Provérbios 21:30

Você já leu o livro *Amelia Bedelia*? No primeiro livro da série, a extravagante Amelia trabalha como governanta para a família Rogers e segue as instruções da Sra. Rogers ao pé da letra. A Sra. Rogers diz a Amelia para "preparar o frango" para o jantar, então Amelia "prepara" o frango, vestindo-o com uma roupinha para o jantar. A Sra. Rogers diz a Amelia para "desligar as luzes", então Amelia remove todas as lâmpadas do teto. A Sra. Rogers diz a Amelia para "embelezar as cortinas", então, é claro, que Amelia faz desenhos nas cortinas.

Imagine bagunçar assim o plano do seu chefe!

Você já teve medo de estragar o plano de Deus? Quero dizer, o plano que Ele tem para a sua vida?

Boas notícias! Isso não é possível.

É verdade que você *fará* algumas escolhas ruins. E sim, você *vai* pecar. Você provavelmente *vai* ter alguns arrependimentos e vai querer ter novas chances. Mas, se você ama Jesus, então Ele perdoará seus erros e pode até usá-los para chegar aos resultados finais de Seu plano.

De um lado, Deus vê as suas escolhas e, de outro, Ele vê os desejos dele para você; e, de alguma forma, Ele faz com que tudo contribua para o seu bem e para a glória dele. Isso significa que você não pode atrapalhar o plano de Deus para sua vida, porque Ele já tem tudo planejado.

É espantoso, certo?

Em última análise, o maior plano de Deus é que você esteja com Ele um dia. Portanto, desde que você creia em Jesus, faça o possível para obedecer e confie em Deus para resolver os detalhes, a soberania dele o protegerá!

PENSE SOBRE ISSO!

- Você já errou ao seguir uma receita ou instruções para montar um brinquedo? O que aconteceu?
- Na visão de Deus, não existe uma pessoa "sem conserto". Todos têm a oportunidade de serem redimidos. Como crer em Jesus garante que você não poderá atrapalhar o plano final de Deus para sua vida?

GRANDES IDEIAS

Redimir: ser "redimido" significa que Deus nos resgata do controle do pecado para que possamos ter um relacionamento com Ele.

Glória: louvor, honra e reconhecimento.

56
Por que Deus nos diz para perdoar as pessoas?

Pelo contrário, sejam bons e atenciosos uns para com os outros. E perdoem uns aos outros, assim como Deus, por meio de Cristo, perdoou vocês.

Efésios 4:32

Vamos imaginar que você pegue a bicicleta do seu melhor amigo emprestada e acidentalmente bata com ela em um poste, quebrando-a, sem ter conserto. Você arrasta a bicicleta amassada de volta para a casa de seu amigo e se oferece para substituí-la, mas seu amigo diz que a bicicleta custou R$ 4 milhões. E você NUNCA vai conseguir pagá-lo de volta!

Seu amigo fica com pena de você e diz: "Não se preocupe com isso, amigo. Você não me deve nada". E ele perdoa sua dívida completamente.

Que presente sensacional! Quanta misericórdia e generosidade!

Mais tarde naquele dia, sua irmãzinha entra em seu quarto usando seu boné favorito, e ele está cheio de geleia de uva. "O que você fez com meu boné?!", você grita com ela.

"Eu estava comendo um sanduíche de geleia e devo ter limpado os dedos no seu chapéu, mas me desculpe", ela responde.

E você grita: "Esse boné custou a minha mesada! Você me deve R$ 25!".

"Eu não tenho esse dinheiro", ela chora. Mas você não se importa. Você exige que ela limpe seu quarto todas as semanas pelo resto do ano para pagar a dívida dela por estragar seu boné.

O que está errado com esta cena? Seu amigo perdoou sua enorme dívida de R$ 4 milhões. Mas você se recusa a perdoar uma dívida muito menor. É isso que Jesus faria?

Quando somos imensamente perdoados, Deus deseja que perdoemos os outros também.

Nunca poderemos retribuir a Ele por nos salvar do pecado e da morte, mas perdoar os outros é uma maneira de demonstrarmos a Ele nossa gratidão!

PENSE SOBRE ISSO!

- Pense em uma ocasião em que alguém feriu os seus sentimentos ou estragou algo que você gostava muito. Como você reagiu?
- Como perdoar outras pessoas mostra a Deus que nós o amamos?

57

Posso amar a Deus, mas não as pessoas?

> Se alguém diz: "Eu amo a Deus", mas odeia o seu irmão,
> é mentiroso. Pois ninguém pode amar a Deus,
> a quem não vê, se não amar o seu irmão, a quem vê.
> O mandamento que Cristo nos deu é este:
> quem ama a Deus, que ame também o seu irmão.
> 1 João 4:20–21

Na Bíblia, um "irmão" ou "irmã" não se refere apenas a irmãos de sangue. Também significa os outros cristãos. Aos olhos de Deus, todos os filhos de Deus são irmãos e irmãs. Somos a família de Deus!

Você sabia? Deus quer que você ame a sua família.

O Senhor valoriza os relacionamentos. Ele está e sempre esteve em relacionamento consigo mesmo: Pai, Filho e Espírito Santo. E como fomos feitos à imagem de Deus, também fomos feitos para nos relacionarmos com Deus e uns com os outros. Deus não quer que ignoremos uns aos outros ou nos isolemos de outros cristãos. Somos chamados a cuidar das pessoas ao nosso redor. De fato, se não o fizermos, Deus diz que não o amamos verdadeiramente! Ai ai ai!

Então, como podemos demonstrar amor a outras pessoas? A Bíblia está cheia de ideias! São o que chamamos de "uns aos outros" da Bíblia. Eles são mandamentos específicos de como Deus quer que tratemos uns aos outros. Por exemplo:

- Amem sinceramente uns aos outros (1 Pedro 4:8).
- Perdoem uns aos outros (Colossenses 3:13).
- Sejam bons e atenciosos uns para com os outros (Efésios 4:32).
- Sirvam uns aos outros (Gálatas 5:13).
- Ensinem e instruam uns aos outros (Colossenses 3:16).
- Ajudem uns aos outros (Gálatas 6:2).
- Animem uns aos outros (1 Tessalonicenses 4:18).
- Façam oração uns pelos outros (Tiago 5:16).
- Hospedem uns aos outros (1 Pedro 4:9).

Você não precisa ser uma pessoa super extrovertida para obedecer aos mandamentos de Deus ao seguir os mandamentos de "uns aos outros". Mesmo pessoas tímidas ou introvertidas podem amar os outros. E você será abençoado quando fizer isso!

PENSE SOBRE ISSO!

- Você é extrovertido ou introvertido? Você ama multidões, festas e atenção, ou prefere ficar sozinho em paz e sossego?
- Deus preparou cada pessoa para seguir os mandamentos dos "uns aos outros" de seu jeito único. Como você pode usar seus talentos e jeito de ser para cuidar dos outros?

58
Por que Deus criou as famílias?

Os filhos são um presente do Senhor;
eles são uma verdadeira bênção.
Salmo 127:3

Deus construiu todo o Universo usando apenas o poder de Suas palavras. Ele é o todo-poderoso, onisciente, mestre Criador e Rei. Ele não precisa de humanos para manter o mundo funcionando. Mas, de qualquer maneira, Ele nos convida a fazer parte do processo porque Ele assim deseja.

Uma das maiores maneiras pelas quais Deus nos abençoa, ensina e permite que desempenhemos um papel ativo em Seu reino é por meio da família. Você sabia disso? Sua família foi ideia de Deus!

Apenas pense: Deus poderia criar pessoas do nada se Ele quisesse. Mas ele não fez assim. Ele usa mães e pais para conceber novos bebês no mundo. Ele permite que os pais criem Seus filhos e aprendam a cuidar de pessoas imperfeitas assim como Deus, o Pai, cuida de nós. Até mesmo Jesus, Deus encarnado, nasceu em uma família humana, onde foi criado e mantido em segurança, aprendendo a honrar Seus pais e irmãos. Se a vida familiar foi boa para Jesus, então definitivamente é boa para nós!

Infelizmente, nem toda casa é um lugar seguro ou amoroso. Às vezes, as famílias não se dão bem porque o pecado atrapalha. Deus se aflige com tal dor e disfunção. Se você luta para se sentir amado ou protegido em sua família, lembre-se de que Deus é o Pai perfeito. Ele nunca o envergonharia ou deixaria. Seu Pai celestial ama e cuida de você a cada minuto do dia!

PENSE SOBRE ISSO!

- E se as famílias não existissem? Como os bebês cresceriam e as crianças seriam educadas e se tornariam adultas?
- O relacionamento entre pais e filhos exemplifica bem como é o relacionamento de Deus com Seu povo. De que maneira Deus é um pai muito melhor do que mães e pais humanos poderiam ser?

59

Por que Deus me diz para obedecer a meus pais?

Filhos, o dever cristão de vocês é
obedecer ao seu pai e à sua mãe, pois isso é certo.
Efésios 6:1

Deus o criou. Ele o projetou do jeito que você é, com sua mistura especial de talentos, personalidade, preferências e características. Ele também escolheu e designou pessoas para cuidar de você, sejam seus pais biológicos, adotivos ou outros tutores. Sua família faz parte do plano soberano de Deus para sua vida. Portanto, não importa quem você chama de mãe ou pai, a Palavra de Deus se aplica a você: obedeça a seus pais.

O que isso significa? Bem, obedecer significa ouvir as instruções de seus pais e segui-las. Já que Deus colocou seus pais no comando, obedecendo-os você também está obedecendo a Deus. Ele usa pessoas (pais) para criar pessoas mais jovens (crianças), para ensiná-las sobre como viver e se tornarem adultas.

No entanto, seus pais não são perfeitos. Eles são pecadores como você. Às vezes, eles cometem erros, mas também responderão a Deus por suas ações. Você sabia que, em Sua Palavra, Deus tem muitas orientações sobre como seus pais devem tratá-lo? Você não é o único que deve obedecer. Seus pais também precisam obedecer a Deus!

Juntos, você, sua mãe e seu pai podem encorajar uns aos outros a obedecer à vontade de Deus em sua vida familiar. Pergunte a seus pais se vocês podem orar juntos, pedir a Deus sabedoria e força para respeitar a autoridade e confiar uns nos outros. Quando você mantém Deus no centro de sua família, é muito mais provável que você tenha sucesso na obediência e que experimente a alegria!

PENSE SOBRE ISSO!

- Cite cinco coisas que você aprecia em seus pais.
- Por que às vezes é difícil obedecer os seus pais? Como o pecado influencia o seu relacionamento com eles?

60
Por que devo respeitar a autoridade?

> Obedeçam às autoridades, todos vocês.
> Pois nenhuma autoridade existe sem a permissão de Deus,
> e as que existem foram colocadas nos seus lugares
> por ele. Assim quem se revolta contra as autoridades está
> se revoltando contra o que Deus ordenou,
> e os que agem desse modo serão condenados.
> Romanos 13:1-2

Pais, professores, treinadores, pastores, policiais, guardas de trânsito, quanta coisa! As crianças de hoje têm uma tonelada de figuras de autoridade, e Deus quer que você respeite todas elas. Por quê? Porque qualquer pessoa em posição de autoridade foi colocada ali por Deus. E obedecer à autoridade é essencialmente o mesmo que obedecer a Deus.

Por que precisamos de pessoas com autoridade, em primeiro lugar? Bem, por causa do pecado. Sem orientação ou regras, todas as pessoas, infectadas pela natureza pecaminosa, caminhariam sem rumo e se rebelariam. A Bíblia registra séculos de história em que o povo de Deus, os israelitas, fizeram exatamente isso. Deus lhes disse para obedecerem, e eles desobedeceram. Eles se arrependiam, Deus os perdoava e o ciclo reiniciava. Até chegarmos ao Céu, as pessoas de todas as idades são propensas a cometer pecados.

As regras ajudam a evitar que as pessoas façam escolhas erradas. E as figuras de autoridade são responsáveis por ensinar e fazer cumprir as ordens. Em última análise, a autoridade deve ser boa para nós. No entanto, o mundo é imperfeito e, portanto, muitos líderes abusarão de sua autoridade. Ainda assim, Deus comanda sobre quem tem permissão para governar Seu povo. Podemos confiar nele, mesmo quando discordamos das autoridades que Ele estabeleceu.

Quando criança, as suas figuras de autoridade serão principalmente pessoas que querem transformá-lo em um adulto alegre e bem-educado. Você pode não gostar de todos os professores ou treinadores e, às vezes, poderá ficar bravo com seus pais e reclamará das regras deles. Mas confie que Deus está usando as autoridades em sua vida para torná-lo mais parecido com Ele!

PENSE SOBRE ISSO!

- Quem são as figuras de autoridade em sua vida? Você as respeita ou se rebela contra elas?
- Às vezes, não gostamos nem um pouco de alguma autoridade, e podemos pensar que Deus cometeu um erro ao permitir que essa pessoa opinasse em nossa vida. Mas sabemos que Deus nunca comete erros, então Ele permite que essa autoridade o guie por algum motivo. Como os bons resultados podem suceder após a sua obediência a alguém que você não gosta?

61
Deus quer que eu seja amigo de todos?

Quem é direito serve de guia para o seu companheiro, porém os maus se perdem pelo caminho.
Provérbios 12:26

Algumas escolas têm um "lugar extra" no parquinho, onde os alunos que não têm com quem brincar podem se sentar, avisando aos colegas que podem convidá-los para a brincadeira. Deus se agrada quando demonstramos bondade e compaixão, incluindo crianças que estão sozinhas ou não são tão bem tratadas por outras.

No entanto, isso não significa necessariamente que Deus ordena que você seja amigo de todos. Há uma diferença entre demonstrar amor e bondade a todos (o que Deus quer que você faça) e ser *amigo* de todos. Um amigo é um relacionamento especial, uma pessoa que você permite entrar em sua vida e que pode influenciar as suas decisões. Quando se trata de escolher amigos, a Bíblia diz que você deve fazer isso com cuidado.

Por quê?

Os amigos podem fazer uma de duas coisas: aproximá-lo de Deus ou afastá-lo ainda mais. Deus quer que você escolha amigos que fortaleçam seu relacionamento com Ele, em vez de desenvolver amizades com pessoas que o desviarão do caminho de Deus.

Isso significa que você só pode ser amigo de outros cristãos? Absolutamente não! Deus quer que você compartilhe sua fé com os outros e os encoraje a conhecer Jesus também. Testemunhar para um amigo que não é cristão pode ser uma excelente maneira de aumentar a sua própria fé em Deus!

Mas se um amigo, cristão ou não, influencia você a fazer escolhas que não honram a Deus, então esse não é um amigo verdadeiro. Escolher seus amigos com cuidado significa ser próximo das pessoas que encorajam seu relacionamento com Deus e o ajudam a fortalecê-lo. Amigos desse tipo são os melhores!

PENSE SOBRE ISSO!

- Quem são os seus amigos mais próximos? Eles o encorajam a confiar em Deus? Como você pode *encorajá-los* a se aproximarem de Deus?
- Você gosta de testemunhar aos seus amigos? Isso o deixa nervoso? Converse com seus pais ou mentor cristão de confiança para receber alguns conselhos sobre como compartilhar a sua fé com os seus amigos e colegas de classe.

62

Como Deus quer que eu trate os amigos que não o conhecem?

> Sejam sábios na sua maneira de agir com os que não creem e aproveitem bem o tempo que passarem com eles. Que as suas conversas sejam sempre agradáveis e de bom gosto, e que vocês saibam também como responder a cada pessoa!
> Colossenses 4:5-6

Imagine que há um clube exclusivo na sua escola para crianças que usam sapatos azuis. Todos no clube compartilham apertos de mão secretos, piadas internas e baldes de doces deliciosos reservados apenas para os que usam sapatos azuis.

Outras crianças estão interessadas em ingressar neste clube porque parece ser muito divertido. Mas os membros do clube não os deixam entrar porque essas outras crianças usam sapatos vermelhos. "Desculpe", eles dizem. "Vermelho é a cor errada. Pegue um par de sapatos azuis e talvez o deixaremos entrar."

Que clube horrível, certo?

Infelizmente, é assim que alguns cristãos tratam as pessoas que não conhecem Jesus. Eles se recusam a recebê-los em seus círculos sociais, ou até mesmo em suas igrejas, porque eles agem "errado".

Jesus não tratava as pessoas assim. Lemos muitas histórias na Bíblia nas quais Jesus acolheu os pecadores e fez amizade com eles, porque Ele queria que essas pessoas o conhecessem e experimentassem a fé salvadora. Ele não esperou que eles tomassem jeito antes de convidá-los para a sede do Seu "clube". Ele os trouxe à Sua presença, do jeito que eles eram, para que pudessem aprender em primeira mão o quanto Deus os ama.

É assim que Deus quer que tratemos os amigos que ainda não o conhecem. Nosso trabalho não é julgá-los, mas acolhê-los e respeitar seu valor como criação de Deus — e, em seguida, compartilhar o amor e a compaixão recebidos do Senhor para que esses amigos "de fora" possam experimentar o que significa ser aceito por seu Pai celestial. Você pode ser a única pessoa na vida deles que os apresentará a Jesus!

PENSE SOBRE ISSO!

- Se você tivesse um clube, quem você convidaria? Quais atividades faria? Que nome daria ao seu clube?
- Você tem um amigo que talvez ainda não conheça Jesus? Você tem tratado essa pessoa da maneira que Deus gostaria que a tratasse? Como você pode demonstrar o amor de Deus a esse amigo esta semana?

63

O que Deus quer dizer quando diz: "Ame os seus inimigos"?

Mas eu lhes digo: amem os seus inimigos
e orem pelos que perseguem vocês.
Mateus 5:44

Você já ouviu falar de um antigo desenho chamado Pernalonga? Esse coelho tinha um nêmesis, ou inimigo, chamado Hortelino Troca-Letras, um caçador muito zeloso que gostava de caçar *"tuelho"*. Hortelino planejava todos os métodos possíveis para derrubar Pernalonga, mas o coelho sempre superou o caçador. Esses dois são o que você chamaria de inimigos por toda a vida.

Talvez você não tenha um inimigo como o Hortelino. Provavelmente, ninguém está planejando transformá-lo num ensopado de coelho! Mas a palavra "inimigo" pode significar uma variedade de pessoas. Pode ser alguém com quem você não se dá bem, ou alguém que lhe causa dor e estresse, como um valentão, um professor muito autoritário ou até mesmo um irmão mandão. Basicamente, qualquer um que não seja fácil de amar, ou até mesmo difícil de gostar, pode ser considerado um "inimigo" aos olhos de Deus.

Como você se sente em relação aos seus inimigos? Você provavelmente não quer fazer um bolo gostoso para eles. É muito mais provável que você deseje é esfregar um bolo na cara deles!

Mas Jesus diz *"nananinanão!"*. Não dá para fazer isso. *Eu quero que você ame seus inimigos*, Ele diz. *Ore por eles!*

O quê? Como é que você fará isso?

Bem, você não consegue. Não sozinho, pois você é humano. Mas você PODE amar os seus inimigos por meio do poder de Deus, que age dentro de você. Quando você escolhe perdoar seus inimigos demonstrando-lhes bondade e compaixão, você prova ao mundo que Deus existe. Somente Ele pode tornar algo tão impossível, como amar os seus inimigos, numa verdade em sua vida!

PENSE SOBRE ISSO!

- Peça aos seus pais para lhe mostrarem um clipe do *YouTube* de algum episódio do Pernalonga com Hortelino. Para quem você torce, Hortelino ou Pernalonga?
- Nossa natureza pecaminosa não quer amar as pessoas que nos machucam. Como amar os seus inimigos mostra às pessoas que Deus está agindo em você diariamente?

64

Será que Deus sabe o que significa sofrer?

Ele foi rejeitado e desprezado por todos; ele suportou dores e sofrimentos sem fim. Era como alguém que não queremos ver; nós nem mesmo olhávamos para ele e o desprezávamos.
Isaías 53:3

Há mais de 2000 anos, Deus veio à Terra em forma humana. Seu nome entre os homens era Jesus, e Ele era o Messias, o Salvador do mundo. Jesus viveu plenamente a perfeição que nós não podemos viver e sofreu a terrível morte que merecemos, por causa do nosso pecado. Ele fez tudo isso para tomar o seu lugar diante de Deus, no Céu, e dizer: "Veja! _____[*escreva o seu nome*] é meu (ou minha)".

Se você crê em Jesus como seu Senhor e Salvador e confia nele para apagar os seus pecados, então você é inocente diante de Deus. Ele coloca o Espírito Santo dentro de você, e você recebe o dom da vida eterna.

Em poucas palavras, o evangelho é isso.

Nós nos concentramos muito nas boas-novas, a parte em que obtemos a salvação e a liberdade dos nossos pecados. A eternidade é um presente muito bom!

Mas não podemos esquecer que o evangelho também é uma história de sofrimento. Jesus suportou dores horríveis e tortura na cruz para nos resgatar dos nossos pecados. Ele carregou o enorme peso dos nossos erros e fracassos sobre Sua própria alma; Jesus suportou ser espancado, ridicularizado e rejeitado; e Ele fez tudo de bom grado, sem lutar, porque sabia que era a única maneira de nos salvar.

O amor de Deus por você é enorme.

Então, lembre-se: sempre que você estiver sofrendo, Jesus sabe o que isso significa. Ele sente compaixão e está com você em todos os momentos dolorosos. Jesus nunca o deixará!

PENSE SOBRE ISSO!

- Qual é a sua parte favorita da história do evangelho?
- Na cruz, Jesus pagou a dívida que você tinha com Deus pelo seu pecado. Como você pode demonstrar a Jesus que está agradecido a Ele por o salvar?

65
Por que Deus não impede que coisas ruins nos aconteçam?

> Eu digo isso para que, por estarem unidos comigo, vocês tenham paz. No mundo vocês vão sofrer; mas tenham coragem. Eu venci o mundo.
> João 16:33

Ser cristão tem toneladas de vantagens. Você recebe o Espírito Santo em seu interior para o ajudar a conduzir os seus pensamentos e ações. Você não é mais um escravo do pecado, e em contrapartida, tem a opção de fazer a coisa certa. Além disso, você recebe o maravilhoso presente da vida eterna com Deus. Há tantas vantagens em seguir a Jesus!

Mas ser cristão não significa que você não terá mais problemas. Jesus diz claramente: "No mundo vocês vão sofrer".

Que tipo de problemas você já sofreu? Você já ficou doente? Quebrou algum osso? Ficou desanimado ou magoado por colegas rudes ou amigos fofoqueiros? Talvez você lute contra o medo ou a ansiedade, ou sua família tenha passado por momentos difíceis, e você se questiona se Deus enxerga a sua dor.

Ele vê.

Muitas experiências "ruins" podem acontecer conosco na vida. E Deus tem o conhecimento de todas elas.

Por que Deus não impede que coisas ruins aconteçam conosco?

Não é porque Ele gosta de ver você sofrer. De jeito nenhum! Deus o ama, Ele fica perto de você e sente tristeza quando você está sofrendo.

Mas Deus também sabe que as experiências que chamamos de "ruins" podem produzir algo bom em nossa vida. Deus vê muito à frente de nós e muito além de nossos problemas, no que estamos nos tornando. Nosso dever como cristãos é confiar nele, e reconhecer que mesmo as dificuldades que enfrentamos podem produzir coisas boas. Deus está resolvendo as coisas, e o plano dele sempre vence!

PENSE SOBRE ISSO!

- Você consegue lembrar-se de uma ocasião em que algo lhe aconteceu e parecia ser ruim na hora, mas na verdade acabou sendo bom?
- Como o sofrimento pode nos ajudar a nos fortalecermos ou nos aproximarmos de Deus?

66

Onde está Deus quando estou sofrendo?

> O S<small>ENHOR</small> está perto dos que têm
> o coração quebrantado
> e salva os de espírito abatido.
> Salmo 34:18 NVI

Você já teve o coração partido? A Bíblia descreve esse sentimento como uma tristeza profunda, o suficiente para que você se sinta "abatido". Isso pode acontecer por vários motivos.

Por exemplo, você perdeu um dos avós ou alguém que amava? Ou talvez seu melhor amigo tenha se mudado e você sinta que falta um pedaço de você. Algumas crianças ficam com o coração partido quando saem da equipe de um time esportivo, perdem um jogo importante ou são intimidados na escola. Há tantos motivos para sentir que seu coração está se partindo em pedaços. E isso NÃO é uma experiência divertida.

Mas há boas notícias. Você sabia? Quando você se sente abatido e com o coração quebrantado, Deus não apenas vê a sua dor. Ele se aproxima de você.

Pense desta maneira. Quando a vida está indo bem e você está cheio de alegria, Deus está ao seu lado, sorrindo, radiante e torcendo por você. Mas quando o seu coração está cheio de tristeza, Deus se aproxima ainda mais de você e o envolve em Seus braços e o carrega em meio à sua dor.

Você pode não sentir Deus se aproximando de você, é impossível vê-lo ou tocá-lo com seus sentidos físicos. Mas a Bíblia deixa claro que Deus está lá. Ele está mais perto de você quando você está para baixo e o resgata da dor mais profunda.

Não é um grande conforto? Então, da próxima vez que você estiver com o coração partido, abra os braços e envolva Deus em um grande abraço. Ele está bem ali, segurando-o bem pertinho!

PENSE SOBRE ISSO!

- Descreva uma ocasião em que você se sentiu arrasado. O que causou a sua mágoa? Como você superou isso?
- Da próxima vez que você sentir o seu coração partido, ore! Como conversar com Deus pode lhe trazer consolo?

67
Deus se incomoda de ver as pessoas sofrerem?

Ele pode fazer a gente sofrer, mas também tem compaixão porque o seu amor é imenso. Não é com prazer que ele nos causa sofrimento ou dor.
Lamentações 3:32-33

No livro de Roald Dahl, *Matilda* (Oficina do Livro, 2017), os alunos de uma escola primária são intimidados diariamente pela maldosa diretora da Escola Tiraniza, a senhora Partetudo. Ela tortura as crianças detendo-as dentro da Pildra e impõe regras estritas e bobas, como não permitir que as meninas usem tranças. A senhora Partetudo gosta de infligir dor e ver as crianças sofrerem. Que mulher horrorosa!

Você já se perguntou se Deus é assim?

Ele não é. Há momentos em que Deus permite o sofrimento, mas isso não significa que Ele gosta de ver você passar por isso. Muito pelo contrário, a Bíblia diz que Deus tem compaixão de você quando o vê passar por sofrimento. Ele se entristece por vê-lo triste! A Bíblia coloca desta forma: "Não é com prazer que ele nos causa sofrimento ou dor" (Lamentações 3:33).

Deus, na verdade, se assemelha mais à senhorita Mel. Lembra dela? Ela é a professora favorita da Matilda, uma mulher doce e generosa, que protege Matilda da ira da diretora Partetudo. Ela não gosta de ver

Matilda sofrendo, e a ajuda a derrotar a diretora malvada de uma vez por todas.

Deus é soberano sobre todo o mal que nos acontece. Ele já venceu o pior tipo de dor, a morte, quando enviou Jesus para fazer a Sua obra salvadora na cruz. E Deus continuará nos ajudando a vencer cada desafio até que o vejamos face a face na eternidade.

Até esse momento, você pode confiar que Deus está com você. Ele sofre ao ver você sofrendo, e lhe dará forças para superar.

PENSE SOBRE ISSO!

- Qual é o personagem mais cruel sobre o qual você já leu ou assistiu em um filme? Por que é tão fácil não gostar de personagens malvados? Por que você acha que eles fazem parte de tantas histórias?
- Deus sofre ao nos ver sofrendo. Isso muda a maneira como você vê Deus? Isso transforma a maneira como você enxerga o seu sofrimento?

68
Por que Deus permite as deficiências?

> Jesus ia caminhando quando viu um homem que tinha nascido cego. Os seus discípulos perguntaram: — Mestre, por que este homem nasceu cego? Foi por causa dos pecados dele ou por causa dos pecados dos pais dele? Jesus respondeu: — Ele é cego, sim, mas não por causa dos pecados dele nem por causa dos pecados dos pais dele. É cego para que o poder de Deus se mostre nele.
>
> João 9:1-3

Você conhece alguém com alguma deficiência? Se você tem um colega de classe em uma cadeira de rodas, ou uma tia surda, ou um amigo com síndrome de Down, por exemplo, você já se perguntou por que eles nasceram diferentes? Ou talvez você tenha uma deficiência e saiba como é se sentir diferente da multidão.

A verdade é que, independentemente de suas habilidades ou desafios, você foi criado exatamente da maneira que Deus planejou. Ele não comete erros, lembra-se? Portanto, você é uma obra-prima e Deus tem um plano para você.

Na passagem bíblica de hoje, vemos os discípulos pedindo a Jesus que lhes explique por que um certo homem é cego. Eles querem saber o que lhe causou a cegueira e assumem erroneamente que essa deficiência foi uma punição pelo pecado.

Porém, Jesus os responde não com um motivo, mas com um propósito: uma *razão* para a cegueira. O homem não nasceu cego como resultado do pecado de sua família. Ele nascera cego para que a deficiência dele pudesse glorificar a Deus.

Nesse caso, Deus foi glorificado pela cura do deficiente visual. No entanto, a cura não é a única maneira pela qual Deus mostra Seu poder. Deus também é glorificado quando nos concede força para suportar uma deficiência ou outro desafio.

O sofrimento virá de muitas formas ao longo de nossa vida. Mas a boa notícia é: o nosso sofrimento nos dá a chance de mostrar a outras pessoas como Deus é maravilhoso, quando confiamos nele para nos ajudar a superar os desafios.

PENSE SOBRE ISSO!

- Quanto da sua rotina diária depende da sua capacidade de enxergar? Como sua vida seria diferente se você fosse deficiente visual?
- Quando oramos por cura, às vezes Deus responde com uma recuperação milagrosa, e às vezes não. Por que podemos confiar em Deus e glorificá-lo mesmo quando a Sua resposta é "não"?

69
O sofrimento resulta em algo bom?

> E também nos alegramos nos sofrimentos, pois sabemos que os sofrimentos produzem a paciência, a paciência traz a aprovação de Deus, e essa aprovação cria a esperança. Essa esperança não nos deixa decepcionados, pois Deus derramou o seu amor no nosso coração, por meio do Espírito Santo, que ele nos deu.
>
> Romanos 5:3-5

No filme da Disney *Procurando Nemo* (2003), Marlin, um ansioso peixe-palhaço, viaja pelo oceano em busca de seu filho, Nemo, que foi capturado por um mergulhador e levado para longe de casa. Ao longo da jornada de Marlin, ele encontra muitos obstáculos, incluindo tubarões famintos, ataques de águas-vivas, uma gaivota desagradável e o medo constante de que algo ruim venha a acontecer com seu filho.

A cada desafio que Marlin supera, ele ganha confiança e esperança até que finalmente encontra o seu precioso Nemo. O que acontece a seguir é surpreendente. Em vez de fugir do perigo como normalmente faria, Marlin na verdade encoraja Nemo a se colocar em risco para salvar sua amiga Dory de uma rede de pesca. Quando o filme termina, Marlin deixa de ser um pai ansioso e superprotetor e torna-se um corajoso papai peixe que apoia as aventuras de seu filho.

Os desafios têm a habilidade de nos mudar para melhor.

A Bíblia diz que os sofrimentos, que poderiam significar obstáculos ou dificuldades de vários tipos, têm um propósito. Eles nos tornam mais fortes, mais sábios e constroem o nosso caráter para sermos mais semelhantes a Jesus. O sofrimento certamente fez isso com Marlin. Isso já aconteceu com você?

Pense num desafio que você está enfrentando agora. Você sabia que Deus tem um plano para que esse desafio o ajude a amadurecer e o transforme em uma pessoa melhor? E por isso que Deus não quer que você evite ou tenha medo das situações difíceis. Em vez disso, a Bíblia diz que devemos nos *alegrar* quando as enfrentamos. Então, alegre-se, porque Deus está usando o seu sofrimento para o encher de esperança.

PENSE SOBRE ISSO!

- Você já assistiu *Procurando Nemo?* Com qual personagem você se identifica mais?
- Por que você acha que Deus permite que passemos por sofrimentos? Será que algumas lições só podem ser aprendidas por meio das dificuldades?

70
Como Deus pode usar a minha dor para ajudar os outros?

> Louvado seja o Deus e Pai do nosso Senhor Jesus Cristo, o Pai bondoso, o Deus de quem todos recebem ajuda! Ele nos auxilia em todas as nossas aflições para podermos ajudar os que têm as mesmas aflições que nós temos. E nós damos aos outros a mesma ajuda que recebemos de Deus.
>
> 2 Coríntios 1:3-4

Uma das maiores perguntas que cristãos e não cristãos fazem é: "Por que Deus permite o sofrimento?" Acabamos de explorar essa questão por meio de uma série de devocionais nos últimos dias. Até agora aprendemos que:

- Deus pode compreender seu sofrimento porque Ele também experimentou sofrimento.
- O sofrimento nunca acontece fora do controle de Deus.
- Deus se aproxima de você quando você está sofrendo.
- Deus pode usar o sofrimento para construir o seu caráter.

Hoje, vamos explorar uma última razão para o sofrimento, e esta traz uma luz de esperança.

O nosso sofrimento nos concede compaixão pelos outros que também sofrem.

Digamos que você torceu o tornozelo num jogo de futebol e a lesão o coloca no banco de reserva por duas semanas. Que chato! A lesão não apenas causa dor física, mas você também se sente frustrado e triste por perder tantos jogos futuros.

Com o tempo, porém, Deus cura seu tornozelo e você volta ao gramado. Mas então um de seus colegas de equipe é derrubado no treino e torce o tornozelo pouco antes do jogo do campeonato.

Quem você acha que entende melhor o que aquele colega de equipe está passando? Você!

Às vezes, Deus permite que a dor ocorra para que possamos confortar alguém próximo de nós, que passará por dor semelhante. Isso se chama compaixão e é uma das características mais bonitas de Deus. Ele nos conforta quando estamos sofrendo e quer que estendamos esse mesmo conforto às outras pessoas que também passam por problemas. É uma das maneiras pelas quais Ele traz propósito à nossa dor!

PENSE SOBRE ISSO!

- Qual é o seu *hobby* ou atividade favorita? Esportes, música, dança ou arte? Como você se sentiria se não pudesse mais participar dessa atividade? Louve a Deus por permitir fazer o que o alegra!
- Por que você acha que Deus usa pessoas para ajudar a consolar outras pessoas?

71

O que é um anjo?

> Então, o que são os anjos? Todos eles são espíritos que servem a Deus, os quais ele envia para ajudar os que vão receber a salvação.
> **Hebreus 1:14**

O que imagina ao pensar em um anjo? Auréolas luminosas, asas e longos mantos brancos? Talvez você imagine a fantasia que usou para alguma peça de teatro no Natal da igreja. Hoje, nossa ideia de anjos é frequentemente reduzida a imagens fofas de desenhos animados, mas os anjos são muito mais do que isso. Vamos dar uma olhada no que a Bíblia diz sobre eles.

- **Deus criou os anjos.** Eles nem sempre existiram, como Deus (que sempre existiu). Eles são seres que foram criados, assim como os humanos foram criados. Os anjos fazem parte da criação de Deus (Salmo 148:1-6).

- **Os anjos não têm corpos físicos.** Eles são espíritos ou criaturas espirituais. Às vezes, Deus envia anjos à Terra em forma humana, mas nos reinos celestiais, os anjos não têm corpos físicos. Não podemos ver os anjos, a menos que Deus nos permita vê-los.

- **Os anjos não são onipresentes.** Isso significa que eles não podem estar em dois lugares ao mesmo tempo, como Deus pode. Os anjos só podem estar em um lugar de cada vez. A Bíblia frequentemente fala de anjos viajando de um lugar para outro, por exemplo, em Lucas 1:26, "Deus enviou o anjo Gabriel" a Nazaré da Galileia para falar com Maria. Portanto, os anjos não são tão poderosos quanto Deus, que é autoridade sobre eles.

Os anjos têm duas funções: ajudar-nos (Hebreus 1:14) e adorar a Deus (Apocalipse 5:11-12). A Bíblia diz que Deus "mandará que os anjos dele cuidem de você para protegê-lo aonde quer que você for" (Salmo 91:11). Você tem um exército de anjos cuidando de você dia e noite!

PENSE SOBRE ISSO!

- Há muito tempo, os anjos inspiram a arte. Pintores famosos ao longo da história retrataram anjos em suas obras-primas. Hoje, as lojas de presentes vendem joias e estatuetas de anjos. Há alguma obra de arte que retrata anjos e que você ache bonita? Por que você acha que elas trazem conforto às pessoas?
- Por que os anjos não podem ser tão poderosos quanto Deus (dica: Nada é mais poderoso do que Deus! Pois Deus é o Criador de todas as coisas)?

72
Onde vivem os anjos?

> Olhei outra vez e ouvi muitos anjos, milhões e milhões deles! Estavam de pé em volta do trono, dos quatro seres vivos e dos líderes e cantavam com voz forte: "O Cordeiro que foi morto é digno de receber poder, riqueza, sabedoria e força, honra, glória e louvor."
> Apocalipse 5:11–12

Quando você imagina o Céu, imagina a multidão de familiares e amigos que verá lá? E quanto às suas pessoas favoritas da Bíblia, você espera encontrá-las no Céu? A Palavra de Deus promete que pessoas de todo o mundo, de todas as nacionalidades, falando todas as línguas, de todas as épocas, se juntarão a nós no maravilhoso lar que Ele preparou para nós no Céu.

Mas você sabia que as pessoas não são a única companhia que teremos no Céu? A sala do trono de Deus também está cheia de anjos!

Quando Deus criou os anjos, eles os criou para que adorassem a Deus em Seu reino. Infelizmente, há muito tempo, um terço dos anjos escolheu lutar contra Deus e foi expulso do Céu, e esses rebeldes são agora conhecidos como Satanás e seus demônios. Mas o Céu ainda está povoado com multidões de anjos divinos que são leais a Deus e a nós, Seu povo! O Céu é a casa deles. Os anjos cantam e louvam ao Senhor.

Ocasionalmente, Deus enviará anjos à Terra, muitas vezes em forma humana, para transmitir mensagens às pessoas ou para ajudá-las de alguma forma. A Bíblia registra aparições angelicais tanto no Antigo quanto no Novo Testamento: Agar, Abraão, Ló, Elias, Jacó, Maria, José e Zacarias são apenas alguns das pessoas que reconhecidamente receberam visitas de anjos.

Mas aqui está a parte realmente ótima. Os anjos ainda visitam as pessoas hoje! Deus envia anjos do Céu para nos proteger quando precisamos deles (Salmo 91:11). Isso não é legal?

PENSE SOBRE ISSO!

- Na Bíblia, quando as pessoas eram visitadas por anjos, muitas vezes reagiam com medo e tremores. Por que você acha que os anjos parecem assustadores para os seres humanos? O que você faria se um anjo o visitasse?
- Já que Deus é soberano e Todo-poderoso, por que você acha que Ele se utiliza da ajuda dos anjos?

73
Os anjos são perfeitos?

> Lembrem dos anjos que não ficaram dentro dos limites da sua própria autoridade, mas abandonaram o lugar onde moravam. Eles estão amarrados com correntes eternas, lá embaixo na escuridão, onde Deus os está guardando para aquele grande dia em que serão condenados.
>
> Judas 6

Os anjos são criaturas divinas, criadas por Deus para habitar no Céu. Portanto, muitas pessoas creem que os anjos são perfeitos assim como Deus é perfeito. Nós até usamos a palavra "anjo" para descrever crianças doces e bem-comportadas. Mas será que os anjos são realmente tão inocentes?

De modo algum! Anjos não são perfeitos. Eles são altamente inteligentes, sim, e possuem julgamento moral (a capacidade de discernir entre o bem e o mal), mas eles podem pecar assim como os humanos. Como nós sabemos disso? Porque a Bíblia nos revela sobre anjos que pecaram e caíram de suas altas posições.

> Pois Deus não deixou escapar os anjos que pecaram, mas os jogou no inferno e os deixou presos com correntes na escuridão, esperando o Dia do Julgamento. (2 Pedro 2:4)

O anjo rebelde mais conhecido chamava-se Lúcifer. A Bíblia sugere que ele era excepcionalmente bonito, provavelmente um dos mais belos anjos de Deus, mas ele não estava satisfeito com a sua posição. Ele queria ter o poder de Deus, então Deus o expulsou do Céu. Quando ele desceu ao inferno, Lúcifer, a quem agora conhecemos como Satanás, levou um terço dos anjos com ele.

Também parece que o castigo de Deus é mais severo para os anjos do que para as pessoas. Ao contrário dos humanos, os quais Jesus perdoa repetidas vezes, os anjos cometem um erro e já são expulsos. Talvez seja porque eles vivem dia após dia na presença de Deus, onde o pecado não pode ser tolerado, e estando face a face com a santidade de Deus, a única resposta apropriada é dar a Deus toda a glória.

PENSE SOBRE ISSO!

- Você já chamou alguma pessoa de "anjo" por sua doçura ou inocência? Depois de ler este devocional você compreendeu melhor a existência dos anjos?
- Seria mais difícil pecar se Deus estivesse sempre bem à sua frente? Embora você ainda não viva no Céu como os anjos vivem, Deus ESTÁ com você todos os dias. Se você é cristão, o Espírito Santo vive em seu interior. Você não pode escapar da presença de Deus! De que maneira isso o faz ver o seu pecado de modo diferente?

74
Posso orar aos anjos?

*Jesus respondeu: — Vá embora, Satanás!
As Escrituras Sagradas afirmam: "Adore o Senhor,
seu Deus, e sirva somente a ele".*
Mateus 4:10

Nas faculdades, alguns mestres e doutores têm professores assistentes. Os assistentes geralmente são estudantes de pós-graduação que estão trabalhando em um mestrado ou doutorado, e já obtiveram um diploma de bacharel. Logo, eles sabem mais do que os alunos (sejam eles calouros ou alunos dos outros anos) mas não sabem tanto quanto o sábio professor. O trabalho do professor assistente é ajudar a dar as aulas, corrigir trabalhos e geralmente auxiliar o professor em qualquer situação necessária.

Alguns professores estão muito ocupados para tirar dúvidas dos calouros, então se um aluno precisa de ajuda, ele tem que falar com o assistente. O assistente atua como um mensageiro ou vínculo entre o aluno e o professor.

Os anjos são como os assistentes de Deus. Eles existem para servir a Deus e ajudar o Seu povo (Salmo 91:11). Eles admiram Deus e o reverenciam por Sua sabedoria (Apocalipse 7:11-12). Eles agem como mensageiros, às vezes vindo à Terra para entregar instruções ou oferecer a ajuda divina (Lucas 1:26-38). Na verdade, a palavra grega para "anjo" significa "mensageiro".

No entanto, há uma grande diferença entre professores assistentes e anjos.

As pessoas não precisam pedir ajuda aos anjos, porque Deus nunca está ocupado demais para nós. Podemos ir direto para o Senhor em oração.

Na verdade, não é apenas desnecessário orar aos anjos, realmente está errado! Os cristãos são ordenados a adorar somente a Deus, e a oração é um ato de adoração. Isso significa que não devemos orar a ninguém ou a nada além de Deus. Somente Ele tem o poder de responder às nossas orações!

PENSE SOBRE ISSO!

- Qual curso universitário você pretende fazer algum dia? Você acha que seria divertido ser assistente de algum professor? Ou ser um professor universitário?
- Orar a Deus significa orar a qualquer pessoa da Trindade, seja ela o Pai, o Filho (Jesus) ou o Espírito Santo. Por que é desnecessário orar para outros a não ser a Deus?

75

As pessoas se tornam anjos quando morrem?

> Meus amigos, agora nós somos filhos de Deus, mas ainda não sabemos o que vamos ser. Porém sabemos isto: quando Cristo aparecer, ficaremos parecidos com ele, pois o veremos como ele realmente é.
> 1 João 3:2

Quando uma semente é plantada no solo, ela passa por uma transformação. Deus projetou sementes para gerar brotos, que crescem no solo tornando-se uma planta. A semente não existe mais em sua forma anterior. Ela "morre" e floresce num novo corpo.

As pessoas passam por uma transformação semelhante quando morrem. Deus fez o homem "um pouco menor do que os seres celestiais" (Salmo 8:5 NVI). Isso significa que os anjos são superiores aos humanos enquanto estamos vivendo na Terra. Mas quando nós alcançamos a eternidade, nosso antigo corpo de "semente" se transformará em um corpo celestial.

Isso significa que nos tornamos anjos?

Não!

Nós nos tornamos ainda maiores do que os anjos!

A Palavra de Deus diz que seremos como Jesus, e Jesus é superior aos anjos. Ele é o chefe deles. Então, embora os anjos agora estejam um pouco acima do patamar dos seres humanos, quando virmos Jesus no

Céu, superaremos os anjos, tornando-nos maiores no reino de Deus do que os anjos. Na verdade, Deus nos dará autoridade para julgar os anjos rebeldes por suas transgressões (1 Coríntios 6:3).

Algumas pessoas querem crer que nos tornamos anjos quando morremos, porque esse pensamento lhes traz conforto. Eles imaginam seus entes queridos já falecidos como anjos cuidando deles.

Mas temos consolo ainda maior por saber que o plano de Deus para os Seus filhos é que estejamos com Ele no Céu, onde não teremos mais dor ou tristeza. Deus é o maior nos Céus, não os Seus anjos!

PENSE SOBRE ISSO!

- O que você acha que será a parte mais legal sobre o seu corpo celestial?
- Como você responderia a alguém que diz que seu ente querido agora é um anjo? Lembre-se de que Deus quer que falemos a verdade "com espírito de amor" (Efésios 4:15), "educação e respeito" (1 Pedro 3:16).

76

Existe o Céu?

> Mas nós somos cidadãos do céu e estamos esperando ansiosamente o nosso Salvador, o Senhor Jesus Cristo, que virá de lá. Ele transformará o nosso corpo fraco e mortal e fará com que fique igual ao seu próprio corpo glorioso, usando para isso o mesmo poder que ele tem para dominar todas as coisas.
> Filipenses 3:20-21

A Bíblia deixa bem claro que o Céu é um lugar que existe. Não é apenas uma ideia ou um sentimento bom; na verdade, é um local. Quando Jesus desceu do Céu para viver de forma impecável (que nós não conseguimos) e para entregar a Sua vida para não morrermos como merecíamos, Ele abriu as portas do Céu, o Paraíso. Jesus tornou possível para qualquer um que crê nele poder entrar na presença de Deus, ou seja, na eternidade. Sabemos disso porque Jesus disse ao ladrão pendurado na cruz ao lado dele: "Eu afirmo a você que isto é verdade: hoje você estará comigo no paraíso" (Lucas 23:43).

Mas isso é apenas parte da história. Você sabia que um dia Jesus voltará para derrotar completamente o mal, e que o pecado será destruído para sempre? Isso acontecerá quando o velho Céu e a velha Terra passarem, e Jesus os substituir pelo novo Céu e nova Terra. Então nossas almas serão unidas aos nossos novos corpos celestiais, e viveremos na nova Terra, livres do pecado, tristeza, sofrimento e morte!

Nossa nova morada será eterna, não mais manchada por falhas da humanidade. Viveremos em alegria e harmonia para sempre! O Céu existe e é maravilhoso.

PENSE SOBRE ISSO!

- O que você mais gostaria de ver quando estiver na eternidade?
- Filipenses 3:20 diz: "nós somos cidadãos do céu". Isso significa que, embora vivamos aqui na Terra, nosso verdadeiro lar, o lugar que realmente pertencemos, é com Jesus. Como podemos demonstrar aos outros que somos cidadãos do Céu, e convidá-los a se tornarem cidadãos do Céu também?

77
Onde Deus mora?

*Olha do céu, onde moras, ó Deus, e abençoa-nos,
o teu povo de Israel, e abençoa esta terra boa e rica que nos
deste, conforme prometeste aos nossos antepassados.*
Deuteronômio 26:15

A Bíblia descreve o Céu como a morada de Deus. E é verdade que Ele é o governante do Céu e da Terra, portanto, Seu "quartel-general" está no Céu. Talvez você imagine que Deus está sentado em um trono em algum lugar além do azul do céu, cuidando da Sua criação, cercado por anjos que cantam dia e noite. Mas essa não é a imagem completa de Deus.

Deus também vive em nós, Seus fiéis. Ele está em todos os lugares ao mesmo tempo, o que se chama *onipresença*. Ele está no Céu, na Terra e dentro do nosso coração todos os momentos de cada dia. Isso é parte do que o torna tão maravilhoso!

Então, por que o Antigo Testamento frequentemente se refere a Deus vivendo no Céu? Porque Jesus ainda não havia vindo ao mundo, portanto, o Espírito Santo ainda não tinha vindo habitar em Seu povo. Os israelitas compreendiam que o lar de Deus era o reino celestial ou o interior do templo sagrado de Jerusalém. Hoje, sob a nova aliança de Jesus, nossa compreensão de Deus é maior. Agora sabemos que Deus viveu entre nós em forma humana, Jesus, e nos legou a dádiva do Espírito Santo para que os cristãos nunca ficassem sem a presença de Deus.

Às vezes, as pessoas se referem à igreja como a "casa de Deus". No entanto, a igreja não é um prédio, são as pessoas que se reúnem lá, porque Deus vive no interior delas. Lemos em Efésios 2:20: "Vocês são como um edifício e estão construídos sobre o alicerce que os apóstolos e os profetas colocaram. E a pedra fundamental desse edifício é o próprio Cristo Jesus".

PENSE SOBRE ISSO!

- Quando você pensa na casa de Deus, o que você imagina?
- Deus não está confinado ao Céu, ou a um prédio de igreja, ou a qualquer espaço em particular. Como Ele é capaz de viver em todos os lugares?

78

Como é o Céu?

Eu ficarei contente com Jerusalém, e o meu povo
me encherá de alegria. Nunca mais se ouvirá em Jerusalém
nem barulho de choro nem gritos de aflição.
Isaías 65:19

Deus promete vida eterna no Céu para todo aquele que crê em Seu Filho, Jesus. Ninguém pode realmente ver o Céu até o dia em que morrer, mas a Bíblia nos dá algumas pistas sobre como será na eternidade.

Tudo é novo e perfeito. Quando Jesus voltar, Ele criará um novo Céu e uma nova Terra onde os que creem nele habitarão. Todas as coisas ruins da velha Terra não existirão mais. A Bíblia diz: "Não haverá mais morte, nem tristeza, nem choro, nem dor" (Apocalipse 21:4).

O céu é brilhante. Deus deu ao apóstolo João uma visão de uma nova cidade, Jerusalém restaurada, e ela "[brilhará] com a glória de Deus. A cidade brilhava como uma pedra preciosa, como uma pedra de jaspe, clara como cristal" (Apocalipse 21:11).

Não há escuridão, apenas luz. "Ali não haverá mais noite, e não precisarão nem da luz de candelabros nem da luz do sol, pois o Senhor Deus brilhará sobre eles…" (Apocalipse 22:5).

Teremos casas e jardins. "Vocês construirão casas e morarão nelas, farão plantações de uvas e beberão do seu vinho" (Isaías 65:21).

Todos vivem em paz. "Os lobos e os carneirinhos pastarão juntos, os leões comerão palha como os bois, e as cobras não atacarão mais ninguém. E no meu monte santo não acontecerá nada que seja mau ou perigoso" (Isaías 65:25).

Nenhuma palavra pode descrever verdadeiramente a beleza e o maravilhoso Céu. Será mais do que surpreendente!

PENSE SOBRE ISSO!

- Cite pares de criaturas que são inimigas na Terra. Será muito estranho ver essas criaturas vivendo em harmonia no Céu?
- Deus pode iluminar todo o Céu com Sua presença. O que isso lhe diz sobre o poder de Sua glória?

GRANDES IDEIAS

Profético: prever o que acontecerá. Deus revelou o futuro aos profetas, e eles escreveram a respeito disso nos textos conhecidos como "livros proféticos" da Bíblia, como Isaías e Apocalipse.

79

Existe pecado no Céu?

> Porém nela não entrará nada que seja impuro nem ninguém que faça coisas vergonhosas ou que conte mentiras. Entrarão na cidade somente as pessoas que têm o seu nome escrito no Livro da Vida, o qual pertence ao Cordeiro.
> Apocalipse 21:27

Você leva uma garrafa de água para a escola ou quando pratica esportes? Talvez você coloque gelo ou até mesmo um pouco de limão espremido, mas, em geral, sua garrafa de água deve conter a boa e velha H_2O para saciar sua sede.

E se você derramasse uma colher de sal nela? Eca! Essa garrafa de água refrescante ficaria contaminada. Já não teria o mesmo gosto, nem mesmo agiria da mesma forma. A água serve para hidratar seu corpo, mas o sal gera mais sede, então não importa o quanto você bebesse da água dessa garrafa, sua boca ainda ficaria ressecada.

O pecado é como aquele sal. Suja a humanidade de modo que o mundo de Deus não é mais puro. Deixa-nos sedentos por bondade e luz. Enquanto estivermos vivendo na Terra, o pecado será inevitável.

Mas no Céu é diferente.

O Céu é a casa de Deus; portanto, *deve* ser puro porque Deus é puro. Nenhum pecado pode entrar no Céu!

Foi por isso que Deus enviou Seu Filho, Jesus, para morrer pelos seus pecados, para que quando você chegar ao Céu, Deus veja Jesus em você e não o seu pecado. Isso é chamado de "sacrifício substitutivo", o que significa que Jesus toma o seu lugar. Ele viveu sem pecar, o que não é possível para nós, e sofreu a morte que você merecia (porque "o salário do pecado é a morte", Romanos 6:23). Quando você crê em Jesus como seu Senhor e Salvador, você recebe um passe livre para entrar no Paraíso depois de morrer, e lá o pecado não existe mais! Deus preparou uma maravilhosa morada para nós!

PENSE SOBRE ISSO!
- Como sua vida será diferente no Céu sem maldade ou pecado?
- Por que precisamos de Jesus para morar no Céu?

GRANDES IDEIAS

Sacrifício substitutivo: Jesus tomou seu lugar na cruz, sofrendo a morte que você merecia por seus pecados.

80

Deus quer que eu vá para o Céu?

*Isso é bom, e Deus, o nosso Salvador,
gosta disso. Ele quer que todos sejam salvos
e venham a conhecer a verdade.*
1 Timóteo 2:3-4

Imagine o Céu como uma grande festa, com muita música, dança e enormes mesas de bufê repletas de sobremesas deliciosas, bandejas de frutas sofisticadas e todo tipo de salgadinhos e patês imagináveis. Deus é o anfitrião da festa e convidou VOCÊ pessoalmente para a festa dele!

No entanto, para passar pelas porta de entrada, você é obrigado a apresentar um presente. Esta dádiva é algo que você tem dentro do seu coração, o Espírito Santo. A única maneira de ter o Espírito Santo em seu coração é você confiar em Jesus.

Então, o que acontece se você não acreditar em Jesus? Deus retirará o Seu convite para a festa?

Ainda não, Ele não retirará. Na verdade, Deus fará a festa continuar enquanto Ele puder, esperando que você apenas apareça na porta com a dádiva necessária. Ele *não quer* mandar você embora. Na verdade, Ele não quer mandar ninguém embora.

Cada pessoa na Terra recebe o mesmo convite. O grande desejo de Deus é que TODAS as pessoas do mundo cheguem ao Céu com o Espírito Santo em seu coração. Mas algumas pessoas não chegarão. Eles escolheram não ter o Espírito Santo morando em seu interior. E isso deixa Deus muito, muito triste.

A decisão mais importante que você tomará na vida é a decisão de seguir Jesus. É nesse momento que o Espírito Santo virá habitar em você. A. W. Tozer, reconhecido professor de ensino bíblico, disse certa vez: "Você já parou para pensar que Deus ficará tão satisfeito em ter você com Ele no Céu quanto você ficará satisfeito de estar lá?". Ele o ama nessa proporção!

PENSE SOBRE ISSO!

- Qual foi a festa mais divertida em que você já participou? Você sabia que no Céu vai ser muito melhor?
- Após a leitura de hoje, o que podemos levar para o Céu?

81

O que acontece quando morremos?

*Quem tem o Filho tem a vida;
quem não tem o Filho de Deus não tem a vida.*
1 João 5:12

Um dos maiores mistérios da vida é o que acontecerá depois que morrermos. Muitas pessoas formam suas próprias ideias de como será a morte, mas ninguém sabe ao certo até que ela realmente aconteça. A Bíblia nos dá algumas pistas, no entanto. E é importante saber quais são.

Para o cristão, alguém que crê em Jesus e tem o Espírito Santo vivendo em seu interior, a Bíblia diz que após a morte a alma deixa o corpo e vai morar no Céu. A morte significa "deixar de viver neste corpo para irmos viver com o Senhor" (2 Coríntios 5:8). Mas isso não é tudo. Um dia Jesus voltará para criar um novo Céu e uma nova Terra, e será quando o nosso corpo se reunirá à nossa alma em uma forma nova e glorificada (1 Coríntios 15:42-53). Os cristãos viverão para sempre no paraíso!

Infelizmente, porém, as pessoas que não creem em Jesus não irão para o Céu, mas para um lugar miserável. Antes da volta de Jesus, eles vão para um lugar temporário chamado Hades (Lucas 16:22-23), onde a presença de Deus está completamente ausente. Após Jesus voltar, eles ressuscitarão assim como os cristãos, mas não em corpos novos e gloriosos. Eles se levantarão para enfrentar o julgamento por seus pecados e serão lançados no "lago de fogo" (Apocalipse 20:11-15). Tanto o Hades quanto o lago de fogo são o que comumente chamamos de inferno. E NÃO é um destino feliz.

O que podemos aprender com essas pistas da Bíblia? Escolha Jesus! Sua vida eterna depende disso!

PENSE SOBRE ISSO!

- Como você acha que será o seu novo corpo glorificado?
- Aprender sobre o inferno deixa você mais ansioso para contar aos amigos e familiares sobre Jesus? Por que sim ou por que não? O que você pode fazer esta semana para compartilhar sua fé com as pessoas ao seu redor?

82

Deus sabe quando vou morrer?

Tu me viste antes de eu ter nascido.
Os dias que me deste para viver foram todos escritos
no teu livro quando ainda nenhum deles existia.
Salmo 139:16

E se você soubesse o dia exato em que morreria? Você poderia acordar todas as manhãs contando o número de anos, meses ou dias que lhe restam antes de deixar esta Terra. Como isso mudaria a maneira como você vive?

Deus não nos diz quando vamos morrer e só Ele sabe o dia. Na verdade, Ele não apenas sabe disso, Ele *escolheu* o dia, antes mesmo de você nascer!

Algumas pessoas vivem uma vida longa até a velhice, algumas pessoas morrem jovens. De qualquer forma, Deus deu ordens sobre a vida de cada pessoa, desde o nascimento até a morte. Talvez nunca entendamos por que algumas pessoas vivem mais tempo na Terra do que outras, mas podemos confiar que Deus tem boas razões, e que Ele tem planos para nós além deste mundo, no Céu!

E as pessoas que morrem em acidentes, ou pior, pessoas que optam por tirar a própria vida? Deus também designou o dia em que eles morreriam?

A resposta curta é sim. Lembre-se de que Deus nos dá livre-arbítrio, o que significa que podemos fazer nossas próprias escolhas, mesmo que elas resultem em morte. No entanto, Deus ainda é soberano sobre essas escolhas. Ele leva em consideração nossas ações e decisões, mas ainda assim determina quando vivemos e morremos. É impressionante, mas uma coisa é certa: Deus está no controle! E a Bíblia diz que Ele faz com que "todas as coisas [trabalhem] juntas para o bem daqueles que amam a Deus, daqueles a quem ele chamou de acordo com o seu plano" (Romanos 8:28).

PENSE SOBRE ISSO!

- Como você se sente ao saber que Deus vê toda a sua vida do começo ao fim?
- Por que você acha que Deus não avisa com antecedência o dia em que você está destinado a morrer?

GRANDES IDEIAS

Ordenado: designado por Deus, escolhido de acordo com a Sua vontade.

83
É verdade que existe apenas uma maneira de chegar ao Céu?

Jesus respondeu: Eu sou o caminho, a verdade e a vida; ninguém pode chegar até o Pai a não ser por mim.
João 14:6

Digamos que sua pista de skate favorita esteja a cinco quadras de sua casa e você conheça quatro formas diferentes para chegar lá. Uma rota segue a rua principal movimentada, outra segue pelas ruas mais tranquilas, outra ainda corta caminho por um parquinho e outra exige que você atravesse um pequeno riacho. Em qualquer dia, você pode escolher qualquer uma dessas rotas, seja a pé ou de bicicleta, e todas levam ao mesmo destino: a pista de skate.

O Céu não é como este parque com pistas de skate. Você não pode escolher entre vários caminhos para chegar lá. A Bíblia diz que há apenas um caminho para chegar ao Céu, e é por meio da fé em Jesus Cristo, o Filho de Deus.

Você não pode ir para o Céu acreditando em "outro deus" que não seja Jesus.

Você não pode ir para o Céu inventando desculpas por não ter ouvido falar sobre Jesus.

Você não pode ir para o Céu esforçando-se para agradar a Deus. O bom comportamento é inútil sem a fé em Jesus.

A única maneira possível de Deus recebê-lo no Céu é você crer que Jesus morreu por seus pecados, ponto final!

Essa não é uma verdade popular no mundo de hoje. Muitas pessoas preferem acreditar que todos serão bem-vindos. Mas se fosse esse o caso, então Jesus não precisaria ter morrido por seus pecados. O próprio fundamento da fé cristã não faz sentido se Jesus não for o único caminho para o Céu.

Confie que o que a Bíblia diz é verdade, e coloque sua fé no Único que pode salvar!

PENSE SOBRE ISSO!

- Escolha um lugar onde você goste de passear ou andar de bicicleta com frequência. Existe mais de um caminho para chegar lá?
- Por que você acha que é difícil para algumas pessoas acreditar que Jesus é o único caminho para o Céu?

84

Se Jesus é o caminho para o Céu, aonde as pessoas do Antigo Testamento iam quando elas morriam?

> Por isso o meu coração está feliz e alegre, e eu, um ser mortal, me sinto bem seguro, porque tu, ó Deus, me proteges do poder da morte. Eu tenho te servido fielmente, e por isso não deixarás que eu desça ao mundo dos mortos.
> Salmo 16:9-10

O povo de Deus já existia por muitos e muitos anos antes de Jesus chegar para salvar o mundo. Deus amou os Seus fiéis do Antigo Testamento tanto quanto o ama. A maior diferença entre a vida deles naquela época e a sua hoje é que o povo de Deus não tinha a certeza do Céu por meio da fé em Jesus, porque Jesus ainda não tinha vindo para morrer na cruz pelo pecado deles!

Isso significa que o povo de Deus antes de Cristo não foi para o Céu? Não. Eles foram! A jornada deles só foi um pouco diferente da nossa. Encontramos na Bíblia que os fiéis do Antigo Testamento, pessoas que seguiram o único Deus verdadeiro, foram para um lugar confortável de descanso ao morrerem. Esse lugar era chamado *Sheol*, que significa "a sepultura" ou "o reino dos mortos".

Aqui está a parte estranha: os descrentes também foram para o *Sheol* quando morreram. Mas eles não foram para a parte agradável. O *Sheol* foi dividido em duas regiões, separadas por um grande abismo. A parte ruim do *Sheol* era um lugar de grande tormento. Ninguém poderia cruzar o abismo, o que sugere que o destino de uma pessoa era selado quando ela morria, assim como é para os cristãos do Novo Testamento hoje.

Quando Jesus veio, Ele abriu um caminho para todos os que creem nele, do passado e do presente, juntarem-se a Ele no Céu. Mas os que não conhecem a Cristo como seu Salvador ainda estão condenados à parte ruim do *Sheol*, chamada de "Hades" no Novo Testamento.

A moral dessa história é: Deus dá a vida eterna no paraíso para aqueles que o seguem!

PENSE SOBRE ISSO!

- Qual personagem bíblico do Antigo Testamento é o seu favorito? Você pode imaginar-se vivendo na época que ele ou ela viveu? Como sua vida seria diferente?

- Como cristãos, devemos ter compaixão pelas pessoas que não creem em Deus. Pense em alguém em sua vida que ainda não conheceu Jesus. Você vai orar para que essa pessoa conheça a fé salvadora para que ela possa escapar da tristeza da vida eterna sem Deus?

85

Onde vou morar quando chegar ao Céu?

> Na casa do meu Pai há muitos quartos, e eu vou preparar um lugar para vocês. Se não fosse assim, eu já lhes teria dito. E, depois que eu for e preparar um lugar para vocês, voltarei e os levarei comigo para que onde eu estiver vocês estejam também.
> João 14:2-3

Qual é o prédio mais chique em que você já esteve? Tinha piso de mármore? Escadas sinuosas ou antigos entalhes de madeira? Janelas que iam do chão ao teto?

Quaisquer que sejam os locais espetaculares que você já viu neste mundo, o Paraíso com certeza será ainda melhor. Jesus diz que a casa de Seu Pai (o Céu) tem muitos aposentos. Traduções anteriores da Bíblia usam a palavra "mansões" em vez de "quartos".

Pense! Várias mansões! O Céu está cheio de lugares lindos, diferentes de tudo que você já viu na Terra, e há espaço para todos. Deus está reservando um espaço especial para você lá!

Qualquer luta que tivermos enfrentado aqui na Terra acabará, nosso corpo não nos pregará peças nem nos atrapalhará. Sem cortes feitos por folha de papel e nem unhas encravadas. Sem câncer ou ossos quebrados. Que grande encorajamento!

A melhor parte do Céu é que Jesus estará lá. Seu relacionamento com Ele não será quebrado pelo pecado. Você poderá ver Jesus face a face, alegrar-se em Sua presença e desfrutar da companhia de cristãos de "todas as nações, tribos, raças e línguas" (Apocalipse 7:9). Além disso, ninguém ficará com ciúmes da mansão de outra pessoa porque o ciúme desaparecerá junto com todas as outras tendências pecaminosas! Imagine viver entre novos e velhos amigos, vagando de palácios à mansões de tirar o fôlego, desfrutando da maravilhosa vizinhança que Deus construiu para você. Não lhe parece superbom?

E será. Tudo o que você precisa fazer para chegar lá é crer naquele que Deus enviou, nosso Senhor e Salvador, Jesus Cristo (João 6:29). Você já colocou sua fé nele?

PENSE SOBRE ISSO!

- Como você acha que será sua mansão no Céu?
- Jesus disse as palavras escritas em João 14:2-3 a Seus discípulos, durante a Última Ceia. Foi parte de Seu discurso de despedida antes de morrer na cruz. Você acha que esses versículos deram conforto aos discípulos? Por que sim ou por que não?

86
Como será o nosso corpo no Céu?

> Pois será assim quando os mortos ressuscitarem. Quando o corpo é sepultado, é um corpo mortal; mas, quando for ressuscitado, será imortal. Quando ele é sepultado, é feio e fraco; mas, quando for ressuscitado, será bonito e forte. Quando é sepultado, é um corpo material; mas, quando for ressuscitado, será um corpo espiritual. É claro que, se existe um corpo material, então tem de haver também um corpo espiritual.
> 1 Coríntios 15:42-44

No filme da Marvel, *Capitão América*, Steve Rogers, um jovem fraco, se voluntaria para um experimento secreto no qual os cientistas injetam em seu corpo o "soro do supersoldado". Esta poção altamente avançada transforma Steve em um soldado alto, elegante e musculoso com força e velocidade de super-herói. O Capitão América, como agora é chamado, derrota inúmeros vilões, eventualmente levando os Vingadores à vitória.

Imagine se você tivesse um corpo de super-herói assim!

A verdade é que você vai ter. Bom, mais ou menos. O corpo em que você vive agora não é o corpo que você terá para sempre. A Bíblia nos diz que um dia nossos corpos terrenos se transformarão em corpos espirituais, que habitarão o novo Céu e a nova Terra. Este novo corpo não terá exatamente poderes de super-herói, mas será muito mais sensacional do que o corpo que você tem agora.

Veja como a Bíblia descreve o nosso corpo celestial:

Imortal — Enquanto o nosso corpo terreno pode experimentar a morte e a decadência, o nosso corpo celestial nunca passará por isso.

Espiritual — Na Terra, o nosso corpo é físico, ou seja, ele está confinado às dimensões naturais. Porém, nosso corpo celeste será espiritual. Isso não significa que vamos flutuar como fantasmas sem peso, nosso corpo será como o corpo ressurreto de Jesus, que não era mais mortal, mas ainda podia ser visto e tocado.

Perfeito — Finalmente, o nosso corpo celestial não terá mais as marcas do pecado. Isso significa que estaremos livres de cicatrizes, deficiências, doenças e outras manchas resultantes da queda da humanidade. Seremos restaurados ao estado perfeito que Deus pretendia antes do pecado entrar no mundo. Uau!

PENSE SOBRE ISSO!

- Se você pudesse ser qualquer super-herói, qual seria? Por quê?
- Por que você acha que nosso corpo celestial será imortal e perfeito (dica: a vida eterna com Deus significa que não há mais morte ou pecado!)?

87

Existem animais no Céu?

"Os lobos e os carneirinhos pastarão juntos, os leões comerão palha como os bois, e as cobras não atacarão mais ninguém. E no meu monte santo não acontecerá nada que seja mau ou perigoso." O Senhor falou.
Isaías 65:25

Você tem um animal de estimação? Cães, gatos, hamsters, passarinhos, todos os tipos de bichinhos são uma parte importante em muitos lares na Terra. Nós amamos nossos animais de estimação e cuidamos deles como membros da família. Mas será que existem animais de estimação no Céu? Embora a Bíblia não responda a essa pergunta definitivamente, há algumas respostas na Bíblia para nos guiar.

Vamos examinar o que a Bíblia diz:

Deus criou os animais. Todos os animais fazem parte do propósito de Deus para a criação, e Ele os chamou de bons (Gênesis 1:20-25).

Deus disse às pessoas para cuidar dos animais. Quando Deus criou os animais, Ele também criou um plano para eles. Deus disse aos humanos para que "tenham poder sobre os peixes do mar, sobre as aves que voam no ar e sobre os animais que se arrastam pelo chão" (Gênesis 1:28). Como "governamos" os animais, é nossa responsabilidade zelar por eles adequadamente, até mesmo os que trabalham para nós.

A Bíblia descreve animais vivendo juntos em paz. No novo reino de Deus, "Os lobos e os carneirinhos pastarão juntos, os leões comerão palha como os bois" (Isaías 65:25). Isso sugere que os animais fazem parte do plano de restauração e novo reino de Deus.

Não sabemos ao certo qual é o relacionamento de Deus com os animais na eternidade, mas a Bíblia indica que eles fazem parte de Seu plano e Ele cuida deles e deseja que vivam juntos em paz.

PENSE SOBRE ISSO!

- Imagine ver um cordeiro e um lobo comendo juntos, pacificamente. O que você pensaria ou diria?
- Por que você acha que Deus permite que tenhamos laços de afeto com os animais? Será que eles podem fazer parte da alegria que Ele nos proporciona na Terra?

88
Alguém pode ficar triste no Céu?

*Ele enxugará dos olhos deles todas as lágrimas.
Não haverá mais morte, nem tristeza,
nem choro, nem dor. As coisas velhas já passaram.*
Apocalipse 21:4

Pense em todas as coisas que o deixam triste. Perder um grande jogo. Brigar com sua mãe. Dizer adeus a um animal de estimação muito doente ou a um ente querido. Muitos acontecimentos na vida causarão tristeza. Isso faz parte de viver em um mundo decaído.

Deus está conosco quando estamos tristes e sofre ao nos ver sofrendo. Mas Ele não tira nossa tristeza completamente, não até chegarmos ao Céu. É quando tudo muda!

A Bíblia diz que no Céu Deus apagará toda mágoa, tristeza, remorso e dor. O Céu será totalmente diferente do mundo porque não haverá motivo para se sentir desapontado ou triste. O Céu está cheio apenas de alegria e paz na presença de Deus. Cada gota de dor que você já sentiu será apagada!

Algumas pessoas se perguntam se vamos chegar no Céu chorando porque estaremos muito tristes por todos os pecados que cometemos na Terra. Será por isso que Deus precisará enxugar as lágrimas dos nossos olhos? Não! A Bíblia diz que "não existe nenhuma condenação para as pessoas que estão unidas com Cristo Jesus" (Romanos 8:1) e nossos pecados foram removidos de nós, tão afastados "Quanto o Oriente está longe do Ocidente" (Salmo 103:12). Isso significa que Deus não nos encontra no portão do Céu com uma lista de todos os nossos erros. Se você é cristão, Ele olhará para você e verá Jesus, seu Salvador, o perfeito substituto. Graças a Jesus, você não terá motivo para tristeza. Você experimentará a alegria eterna!

PENSE SOBRE ISSO!

- Que tipo de coisas o deixam triste? Você consegue imaginar um mundo onde a tristeza não existe?
- Ser "condenado" significa ser considerado culpado, ser punido. Jesus não o condena por seus pecados, mas os apaga de sua vida. Como você pode mostrar sua gratidão por Sua incrível dádiva de perdão e salvação?

GRANDES IDEIAS

Condenação: ser considerado culpado, receber punição por uma transgressão.

89
As pessoas no Céu podem ver o que acontece na Terra?

> Assim nós temos essa grande multidão de testemunhas ao nosso redor. Portanto, deixemos de lado tudo o que nos atrapalha e o pecado que se agarra firmemente em nós e continuemos a correr, sem desanimar, a corrida marcada para nós.
> Hebreus 12:1

Alguém já lhe disse: "A bisa olha para você lá do Céu"? As pessoas neste mundo consolam-se muito com a ideia de que os entes queridos que morreram antes de nós podem nos ver de seus lares celestiais.

Infelizmente, isso é apenas uma ilusão. A Bíblia não fornece nenhuma evidência sólida para amparar essa ideia. Alguns estudiosos da Bíblia acham que pode ser verdade, mas não podemos ter certeza.

Aqueles que sugerem que talvez nossos entes queridos possam nos ver do Céu normalmente citam o versículo de hoje, Hebreus 12:1. Estar cercado por "testemunhas" pode significar que as pessoas no Céu estão "testemunhando" nossas vidas aqui na Terra. Mas é mais provável que se refira a "testemunhas" lembrando-se dos fiéis antepassados citados na Bíblia, como Abraão, Jacó, José, Moisés e muitos outros listados no capítulo 11 de Hebreus. Eles não estão necessariamente nos observando lá de cima, mas servem como exemplos de como viver uma vida na fé.

Como cristãos, precisamos ter cuidado com o sentimentalismo, que é quando os sentimentos ou ideias culturais começam a afetar a forma como vemos Deus. Podemos querer que nossos entes queridos nos vejam do Céu, mas isso não significa que a Bíblia afirma que eles podem.

Em última análise, realmente não importa se as pessoas no Céu podem ou não nos ver. As pessoas, mesmo aquelas que foram aperfeiçoadas após a morte, não podem nos salvar, não podem responder às orações e não podem falar bem de nós para Deus. Só Jesus pode fazer isso. Precisamos fazer dele o nosso foco principal!

PENSE SOBRE ISSO!

- As pessoas no Céu são redimidas, ou seja, não lutam mais contra o pecado e são capazes de ver as coisas pela perspectiva de Deus. Portanto, mesmo que o pudessem ver, não ficariam tristes ou zangadas com o que viram. Eles confiariam que Deus está fazendo Sua obra para o seu bem. Você gostaria de ter esse tipo de perspectiva em sua vida também, enquanto vive? Por que sim ou por que não?
- Por que é importante focar-se em Jesus?

GRANDES IDEIAS

Sentimentalismo: focar mais nas emoções ou coisas que desejamos que sejam verdadeiras (sentimentos) do que nas verdades reais das Escrituras.

90

Vou reconhecer minha família no Céu?

Ele morreu bem velho e foi reunir-se
com os seus antepassados no mundo dos mortos.
Gênesis 25:8

Quem você gostaria muito de ver no Céu? Bem, Jesus, é claro. Mas e seus amigos e familiares que partiram antes de você? Será que você os reconhecerá quando chegar ao Céu? Eles o reconhecerão?

A Bíblia diz que sim! No Antigo Testamento, quando um fiel morria, dizia-se que ele "foi reunir-se com os seus antepassados". Isso significa que eles se reuniram com suas famílias, suas tribos e outros que tinham morrido antes deles. Da mesma forma, o Novo Testamento destaca como nossos corpos glorificados serão diferentes, mas ainda reconhecíveis.

Por exemplo, muitas pessoas viram Jesus depois de Sua ressurreição e o reconheceram (1 Coríntios 15:4-7). Quando Jesus levou Pedro, Tiago e João montanha acima, e Moisés e Elias estavam lá (Mateus 17:1-4), os discípulos reconheceram esses homens do passado, embora eles tivessem morrido séculos antes e os discípulos nunca os tivessem visto antes.

Tudo isso sugere que nós também reconheceremos não apenas pessoas de quem gostamos e que conhecemos durante nossa vida, mas também estranhos que partiram antes de nós. Cada um de nós manterá sua identidade individual. No Céu, reconheceremos nossos irmãos na fé e seremos reconhecidos (1 Coríntios 13:12). Ninguém no Céu é rejeitado, todos têm o seu lugar!

Como lemos no devocional de ontem, porém, nosso foco não deve ser tanto em nos reunirmos com nossos entes queridos no Céu, mas sim em ver Jesus face a face. Juntos, adoraremos a Deus e desfrutaremos dos prazeres do Céu!

PENSE SOBRE ISSO!

- Quem você espera ver no Céu?
- Por que você acha que seremos capazes de reconhecer as pessoas que nos são desconhecidas no Céu?

91
O que faremos o dia todo no Céu?

E não haverá na cidade nada que esteja debaixo da maldição de Deus. O trono de Deus e do Cordeiro estará na cidade, e os seus servos o adorarão.
Apocalipse 22:3

Como você gosta de passar o dia? Se você pudesse escolher qualquer atividade para ocupar seu tempo e energia, qual seria? Algumas crianças passariam o dia inteiro jogando futebol ou videogame. Outros fariam biscoitos ou assistiriam a filmes. A maioria das crianças provavelmente gostaria de passar o dia com alguém que ama, um pai, um amigo ou um animal de estimação. Imagine o dia mais incrível e divertido de todos os tempos!

Então, pense nisso um zilhão de vezes.

Assim será o Céu!

O Céu é um lugar onde a criação de Deus vive em um estado perpétuo de contentamento e paz, e adoraremos o Senhor o dia todo (Apocalipse 5:11-12). Mas o que é adoração? É só cantar e dançar? De jeito nenhum! A adoração acontece de muitas formas. Não é apenas uma coisa que fazemos, é sobre quem nós somos. Quando o nosso coração está sintonizado para adorar a Deus, tudo o que dizemos e fazemos pode ser uma demonstração de louvor a Ele. Isso inclui servi-lo, ou seja, fazer alguma coisa.

Sim, teremos trabalhos no Céu! Mas não esses de que não gostamos ou dos quais queremos reclamar. Na verdade, Apocalipse 14:13 diz que as pessoas no Céu "descansarão do seu duro trabalho", o que significa que não teremos que fazer nada cansativo ou desgastante. Em vez disso, nosso trabalho celestial serão as atividades que amamos fazer, porque no Céu só há alegria, sem tristeza.

Quando você vir Jesus face a face, não ficará entediado ou desejando estar em outro lugar. O Céu é como o melhor dia de todos, infinitamente!

PENSE SOBRE ISSO!

- Qual é o trabalho dos seus sonhos?
- Você ficou surpreso ao saber que terá um trabalho lá no Céu? Como servir a Deus pode ser uma forma de adoração?

92

Seremos recompensados por bom comportamento no Céu?

> Vocês sabem que numa corrida, embora todos os corredores tomem parte, somente um ganha o prêmio. Portanto, corram de tal maneira que ganhem o prêmio. Todo atleta que está treinando aguenta exercícios duros porque quer receber uma coroa de folhas de louro, uma coroa que, aliás, não dura muito. Mas nós queremos receber uma coroa que dura para sempre.
>
> 1 Coríntios 9:24-25

Nas Olimpíadas, os atletas competem por medalhas de bronze, prata e ouro. Esses prêmios são um sinal de conquista, uma recompensa por seu trabalho árduo e desempenho.

Você sabia que pode ganhar prêmios no Céu? Só que não são medalhas, são coroas.

O termo "coroa" em grego é *stephanos*, que era uma coroa de folhas colocada na cabeça de um vencedor durante os antigos jogos gregos. Na Bíblia, esta palavra simboliza algum tipo de recompensa celestial, que pode ser ou não ser uma coroa de verdade. A questão é que podemos esperar ser parabenizados por coisas que fizemos bem na Terra.

O Novo Testamento descreve cinco tipos de coroas que os cristãos podem receber no céu:

- a coroa da alegria, uma recompensa para todos os cristãos (1 Tessalonicenses 2:19 NVT)
- a coroa da justiça, uma recompensa pela fé inabalável (2 Timóteo 4:8 NVT)
- a coroa de glória, uma recompensa por compartilhar sua fé (1 Pedro 5:2-4 NVT)
- a coroa eterna, uma recompensa pelo autocontrole (1 Coríntios 9:25 NVT)
- a coroa da vida, uma recompensa por enfrentar dificuldades (Tiago 1:12; Apocalipse 2:10 NVT)

Então, quando você receberá as suas coroas? No tribunal de Cristo. É quando cada um dos cristãos "vai receber o que merece, de acordo com o que fez de bom ou de mau" (2 Coríntios 5:10). Este julgamento não tem o objetivo de determinar se você é salvo ou não. Esse acordo foi selado quando você colocou sua fé em Cristo. Em vez disso, é um momento em que você dará um relatório de sua vida a Deus, e Ele o recompensará por todas as maneiras pelas quais você o honrou.

PENSE SOBRE ISSO!

- Se você pudesse ganhar uma medalha de ouro em qualquer esporte olímpico, qual seria?
- Como é legal saber que Deus não apenas nos salva e nos concede a maior recompensa de todos os tempos, a qual não merecemos, e que Ele também vai além, ao nos recompensar por bom comportamento! Isso o motiva a viver de uma maneira que honre a Deus? Por que sim ou por que não?

93

Posso morrer e ir para o Céu e depois voltar à vida?

Ninguém nunca viu Deus. Somente
o Filho único, que é Deus e está ao lado do Pai,
foi quem nos mostrou quem é Deus.
João 1:18

Nos últimos anos, muitos livros foram publicados sobre pessoas que afirmaram ter morrido, ido para o Céu e voltado à vida na Terra. Este tópico tornou-se muito popular na cultura moderna, pois as pessoas buscam conforto na ideia de uma vida feliz após a morte.

No entanto, apenas um livro pode ser confiável sobre esse assunto, e não é o *best-seller* mais recente de alguma lista importante. É a Bíblia.

A Bíblia diz: "Ninguém subiu ao céu, a não ser o Filho do Homem, que desceu do céu" (João 3:13). Isso significa que ninguém além de Jesus está qualificado a ensinar sobre o Céu, como ele é, quem mora lá e o que uma alma experimenta após a morte.

Então, esses contadores de histórias mentem? Não necessariamente. Alguns deles podem *pensar* que estiveram no Céu, mas talvez estivessem em um estado de sonho ou tendo visões. Deus capacitou muitas pessoas na Bíblia para terem visões de coisas futuras, mas isso não significa que elas estavam fisicamente presentes no Céu.

Finalmente, cuidado com qualquer descrição do Céu que se concentre mais nas pessoas ou no cenário do que em Deus. A razão pela qual o Céu é o Céu é porque Deus está lá. A Bíblia diz que quando virmos Deus face a face, ficaremos tão maravilhados com Sua glória que não teremos palavras. E isso é tudo o que importa!

PENSE SOBRE ISSO!

- Você já leu um livro ou assistiu algum filme sobre pessoas que afirmam ter visitado o Céu? Você pensou que era verdade? Por que sim ou por que não?
- Por que Jesus é o único qualificado para nos ensinar sobre o Céu? Dica: Ele é a única pessoa que já desceu do Céu à Terra e depois voltou.

94
O inferno existe?

*Sabemos que os filhos de Deus
não continuam pecando, porque o Filho de Deus
os guarda, e o Maligno não pode tocar neles.*
1 João 5:18

Mais pessoas neste mundo acreditam no Céu do que no inferno. No entanto, a Bíblia diz que ambos existem. Se a sua ideia de Céu é baseada na Palavra de Deus, então você deve acreditar que o inferno também existe. O Céu e o inferno são as duas únicas opções para onde as pessoas vão quando morrem.

Sabemos pela Bíblia que o Céu é um lugar perfeito de paz e alegria, onde o pecado não existe. Você não precisa trabalhar duro para chegar lá, obedecendo aos mandamentos ou fazendo boas ações. A única maneira de ir ao Céu é pela fé no Filho de Deus, Jesus. "Pois pela graça de Deus vocês são salvos por meio da fé. Isso não vem de vocês, mas é um presente dado por Deus. A salvação não é o resultado dos esforços de vocês; portanto, ninguém pode se orgulhar de tê-la" (Efésios 2:8-9).

Se você não crê em Jesus, você está com problemas. Porque o único outro lugar para ir quando você partir desta Terra é o inferno. E você NÃO quer acabar lá.

A Bíblia descreve o inferno como um lugar cheio de fogo, sede, vergonha, destruição, punição e tormento. Pior de tudo, Deus não está no inferno. Ele não aparece para visitas ou para lhe dar uma segunda chance. Portanto, viver no inferno significa estar separado de Deus para sempre. E isso é profundamente triste.

Você quer ter certeza absoluta e convicta de que irá para o Céu e não para o inferno quando morrer? Então escolha seguir Jesus! Ele vai trazê-lo em segurança para casa!

PENSE SOBRE ISSO!

- Você gostaria que o inferno não existisse? Por que sim ou por que não?
- Você tem certeza de que irá para o Céu quando morrer? Como você sabe?

95
Quem é Satanás?

> Estejam alertas e fiquem vigiando porque o inimigo de vocês, o Diabo, anda por aí como um leão que ruge, procurando alguém para devorar. Fiquem firmes na fé e enfrentem o Diabo porque vocês sabem que no mundo inteiro os seus irmãos na fé estão passando pelos mesmos sofrimentos.
> 1 Pedro 5:8-9

O que você imagina quando pensa no diabo? Um homem assustador de terno vermelho com chifres e um tridente?

Na verdade, a Bíblia revela que a aparência do diabo é bela, pois ele se disfarça como um "anjo de luz" (2 Coríntios 11:14). Ele já foi um dos anjos mais gloriosos de Deus, chamado Lúcifer, mas tornou-se orgulhoso e queria ser tão poderoso quanto Deus. Então Deus expulsou Lúcifer do Céu, e esse anjo que virou um demônio que tem se rebelado contra Deus desde então. Hoje nós o conhecemos como Satanás, e ele é o maior inimigo de Deus.

O foco principal de Satanás é nos afastar de nosso Pai celestial. O triste é que ele não precisa nos convencer a odiar a Deus, ele só tem que nos convencer a duvidar de Deus.

Satanás aparece pela primeira vez na Bíblia como uma serpente no jardim do Éden. Ele tenta Eva, sugerindo que Deus realmente não quis dizer o que disse ao ordenar a Adão e Eva que não comessem do fruto proibido (Gênesis 3:1-4). Ele a convence de que o fruto a tornaria mais semelhante a Deus. O maior erro de Eva foi crer na mentira da serpente, o que a levou a desobedecer a Deus.

Há uma lição importante a aprender com essa história: o que cremos determinará o que faremos.

Quando você permite que Satanás diga que Deus não é bom, que Ele não o ama, ou que a Sua Palavra não é verdadeira, você se torna mais suscetível ao pecado. Por outro lado, quando você se aproxima de Deus e permite que a Sua Palavra preencha o seu coração, Deus o protege!

PENSE SOBRE ISSO!

- Por que você acha que o fruto proibido era tão tentador? Será que era porque ele era muito saboroso (lembre-se de que o mundo era perfeito antes de Eva pecar, então provavelmente todas as frutas eram igualmente deliciosas)? Ou foi porque Eva pensou que Deus estava negando algo melhor a ela? O que você acha que teria feito na situação de Eva?
- Por que é tão importante aprender o que a Bíblia realmente diz?

96

Satanás é tão poderoso quanto Deus?

Meus filhinhos, vocês são de Deus e têm derrotado os falsos profetas. Porque o Espírito que está em vocês é mais forte do que o espírito que está naqueles que pertencem ao mundo.

1 João 4:4

Na década de 1990, a lenda do basquete Michael Jordan liderou sua equipe ganhando seis títulos do campeonato da Liga Nacional de Basquete norte-americano (NBA). Outros jogadores tentaram ser rivais de Jordan no jogo, mas ele era incomparável. Ninguém era tão bom no basquete quanto Michael Jordan.

Deus também tem rivais. O maior deles é Satanás. O diabo tenta enganar Deus e, às vezes, ganha pontos provocando o povo de Deus a pecar. Mas ele nunca ganhará o campeonato. Aqui está o porquê:

Satanás é um ser criado. Ele era originalmente um anjo. Nenhum ser criado é mais poderoso do que Deus.

Satanás não tem os atributos santos de Deus. Ele não é onisciente (não sabe de tudo) ou onipresente (não está em todos os lugares ao mesmo tempo). Isso significa que ele não pode ler sua mente ou ver tudo o que você está fazendo.

- **Satanás está sob o controle de Deus.** Ele não pode fazer nada a menos que Deus o permita. O que traz outra questão dilacerante: Por que Deus permite que Satanás cause dor? Isso entra no grande mistério do livre-arbítrio e como ele se encaixa no plano de Deus. Talvez nunca entendamos isso até chegarmos ao Céu. Mas podemos confiar que Deus é bom, mesmo quando não entendemos os Seus motivos.
- **Satanás já é um perdedor.** Jesus derrotou Satanás quando o venceu pela morte na cruz. Agora qualquer pessoa que crê em Jesus pode se libertar das correntes do pecado com as quais Satanás quer nos amarrar. Além disso, um dia Jesus voltará para acabar com Satanás para sempre. Satanás não é e nunca será mais poderoso do que Deus. Nosso Deus sempre vence!

PENSE SOBRE ISSO!

- Quem é o seu atleta favorito?
- Na Bíblia, Satanás é frequentemente chamado de "governante" ou "príncipe" deste mundo, ou seja, ele é o cabeça do pecado, que só é permitido no mundo e não no Céu. Mas isso não significa que somos impotentes contra seus esquemas. A Bíblia diz: "obedeçam a Deus e enfrentem o Diabo, que ele fugirá de vocês" (Tiago 4:7). Cite algumas maneiras pelas quais você pode resistir ao diabo.

97

Deus criou o inferno?

> Afastem-se de mim, vocês que estão
> debaixo da maldição de Deus! Vão para o fogo eterno,
> preparado para o Diabo e os seus anjos!
> Mateus 25:41

Digamos que sua avó assou duas tortas. Uma está recheada de maçãs deliciosas, açúcar e canela amanteigada. A massa é folheada e leve. Uma olhadinha para aquela torta e você está apaixonado. É uma obra de arte deliciosa!

A outra torta, no entanto, está carbonizada e fumegante. Você cutuca a crosta queimada e descobre que ela não está recheada com frutas saudáveis, mas sim com uma camada de cobras queimadas e fedorentas que estão escorrendo! Ecaaaaaa!

O que a vovó estava pensando?

Deus assou duas tortas também. A primeira foi o Céu, a morada perfeita. A segunda foi o inferno, porque ele precisava de um lugar para jogar as "cobras".

Tudo o que existe foi criado por Deus, inclusive o inferno. Deus não criou o inferno porque achou que seria divertido. Ele o criou porque Ele não podia permitir que Lúcifer e seus anjos caídos vivessem no Céu depois que se rebelaram. Portanto, Ele preparou uma morada eterna para os malvados, que a Bíblia chama de "o fogo eterno" ou "o lago de fogo".

O inferno realmente cheira a torta de cobra queimada? Talvez não. Mas podemos agradecer por não precisarmos descobrir. Deus anseia por proteger os Seus filhos daqueles que rejeitam o Senhor, concedendo-nos destinos separados após morrermos. A decisão mais importante que você pode tomar é a escolha de seguir a Jesus. Quando você o aceita como seu Senhor e Salvador, Deus abre as portas do Céu para você. Você nunca terá que experimentar a tristeza do inferno!

PENSE SOBRE ISSO!
- Qual é a sua sobremesa caseira favorita?
- Por que você acha que Deus não permitiria que Lúcifer permanecesse no Céu? Você acha que o inferno é um lar apropriado para Lúcifer?

98

Se Deus é bom, por que Ele permite que as pessoas vão para o inferno?

*Por isso quem crê no Filho tem a vida eterna;
porém quem desobedece ao Filho nunca terá a vida eterna,
mas sofrerá para sempre o castigo de Deus.*
João 3:36

Verdadeiro ou falso: Deus é amoroso.
Verdadeiro! A Bíblia assim o diz.
Verdadeiro ou falso: Deus ama tudo.
Falso! Se Deus é amoroso, o que Ele é, então Ele não pode amar tudo. Ele não pode amar as coisas *ruins* como assassinato, roubo, violência ou abuso.

Observe que não dissemos que Deus não pode amar *pessoas* más. Ele pode. Ele ama! "Todos pecaram e estão afastados da presença gloriosa de Deus" (Romanos 3:23), e "Não há uma só pessoa que faça o que é certo" (Romanos 3:10). Isso significa, basicamente, que somos todos maus. É somente porque Deus é tão amoroso que Ele nos perdoa e nos permite herdar Seu bom reino.

O que nos leva à questão do inferno. Como pode um Deus amoroso permitir que as pessoas vão para lá?

Bem, em primeiro lugar, Ele não *quer* que ninguém vá para o inferno. Ele dá a todos a chance de escolherem o Céu. Mas nem todo mundo aceita a Sua oferta. Algumas pessoas abertamente rejeitarão Jesus.

É aí que entra a justiça de Deus. Ele é bom e Ele é justo, ambos ao mesmo tempo. Ser "justo" significa defender a diferença entre o certo e o errado. As escolhas ruins devem ser punidas. É por isso que Jesus teve que morrer por nossos pecados, porque Deus exige justiça.

Infelizmente, a justiça para o descrente significa o inferno. E isso deveria partir o nosso coração.

Você conhece alguém que rejeita Jesus? Ore por essa pessoa. Peça a Deus para falar com ele ou ela de uma maneira tão próxima e pessoal que não haja como ignorarem a Sua voz. Ore para que escolham ser salvos!

PENSE SOBRE ISSO!

- Como as más escolhas são punidas em sua casa? Por exemplo, seus pais colocam você de castigo no quarto? Tiram seu celular ou tablet? Fazem você realizar tarefas extras em casa? Essas punições o motivam a fazer escolhas melhores?
- Você considera Jesus o melhor presente que um ser humano poderia receber?

99

Quem ganha no final?

> Não deixem que o mal vença vocês,
> mas vençam o mal com o bem.
> Romanos 12:21

Há muito tempo, os seres humanos sentem-se fascinados com a luta do bem contra o mal. É o tema central de nossos filmes, romances e jogos favoritos. Nossos livros de história estão cheios de contos de guerra, crimes e governos inteiros construídos em torno de um senso profundamente enraizado da humanidade, de que algumas coisas estão certas e que outras estão erradas. Essa compreensão inata vem de Deus. Ele é a definição do bem e, um dia, Ele vencerá o mal para sempre.

Jesus venceu a batalha contra o pecado e a morte quando ressuscitou da sepultura. Mas Satanás ainda tem permissão para espreitar ao redor, tentando convencer as pessoas a rejeitarem a Deus. O livro de Apocalipse nos diz que um dia Deus fará um ajuste de contas final com Satanás, e Deus vencerá.

> Eles se espalharam pelo mundo e cercaram o acampamento do povo de Deus e a cidade que ele ama, mas um fogo desceu do céu e os destruiu. Aí o Diabo, que os havia enganado, foi jogado no lago de fogo e enxofre, onde o monstro e o falso profeta já haviam sido lançados. E lá eles serão atormentados para todo o sempre, de dia e de noite. (Apocalipse 20:9-10)

O que podemos aprender ao saber o final da história? É simples. Escolher o lado certo.

Deus destruirá o mal de uma vez por todas, e Seu povo viverá em paz por toda a eternidade. Se você quer estar do lado vencedor, você deve colocar a sua fé em Jesus. Ele é o único caminho para o Céu, a única resposta para todos os problemas e a decisão mais importante da sua vida.

Escolha Jesus!

PENSE SOBRE ISSO!

- Quais são algumas das batalhas mais épicas que você já viu em filmes ou leu em livros?
- Você crê que Deus vencerá no final? De que lado VOCÊ quer estar?

100
Como faço para aceitar Jesus?

Porque Deus amou o mundo tanto, que deu
o seu único Filho, para que todo aquele que nele crer
não morra, mas tenha a vida eterna.
João 3:16

A Bíblia é clara. Recebemos a vida eterna quando cremos no Filho de Deus, Jesus. É assim que não pereceremos ou morreremos em nosso pecado, mas viveremos com Deus para sempre.

Então, o que realmente significa crer em Jesus? Significa reconhecer e aceitar o fato de que Deus enviou o Seu Filho Jesus para nascer como um bebê para viver entre as pessoas. À medida que Jesus crescia, Ele ensinava as pessoas sobre Deus e Seus mandamentos. Jesus também curou pessoas e realizou muitos milagres. Mas a principal razão pela qual Jesus veio à Terra como humano foi para ser nossa oferta pelo pecado.

No Antigo Testamento, as pessoas só podiam ser perdoadas por seus pecados quando ofereciam sacrifícios de animais. Era assim que eles pediam o perdão de seus pecados. No entanto, eles continuariam pecando e precisavam sacrificar animais muitas outras vezes. Mas, como Jesus era perfeito, quando Ele foi sacrificado (quando morreu por nós), Ele se tornou o sacrifício final e completo. Ele precisou morrer somente uma vez por nossos pecados.

Quando cremos na história de Jesus, Sua vida, morte e irrevogável ressurreição dentre os mortos, isso significa que nós aceitamos o presente de Deus. Nós aceitamos Jesus. O presente que Jesus nos dá é a vida eterna (Romanos 6:23).

PENSE SOBRE ISSO!
- Você já aceitou Jesus? Você crê que Ele veio à Terra para morrer pelos seus pecados?
- Que outras perguntas você tem sobre Deus ou a Bíblia? A quem você pode pedir para ajudá-lo a encontrar as respostas para tais questionamentos?

SOBRE A AUTORA

Becky Kopitzke é autora de vários livros com orientações para pais e mães cristãos, incluindo *The Cranky Mom Fix* (Solução para a mãe mal-humorada, inédito) e *The SuperMom Myth* (O mito da supermãe, inédito). Como escritora, palestrante e encorajadora da família, sua missão é motivar e equipar pais e filhos a viverem a Palavra de Deus em seu dia a dia.

É cofundadora de *The Inspired Business* (O negócio inspirado), uma organização dedicada a ajudar cristãos a divulgarem a Palavra, aumentando seu alcance por meio de práticas de vendas e marketing que honram a Deus. Em sua igreja, lidera estudos bíblicos para mulheres, participa da equipe de louvor e gosta de abraçar as pessoas que encontra.

Becky, seu marido, Chad, e suas duas filhas, Clara e Noelle, moram em Wisconsin, EUA, num lar repleto de animais de estimação. Acompanhe Becky em: beckykopitzke.com